동력의 기술

L'ART DU MOTEUR

동력의 기술

L'ART DU MOTEUR

폴 비릴리오 지음 | 배 영 달 옮김

경성대학교 출판부

동력의 기술 • 차례

일러두기

1. 각주(원주와 역주)는 일련번호로 통일하되, 역주는 일련번호 뒤에 (*)로 표시하였다.
2. 원서에서 이탤릭으로 처리된 부분은 진한 글씨체로 강조하였다.

"이 역사, 이 에피소드, 이 모험에 당신이 원하는 이름을 부여하세요."

콘래드

미디어 복합체

“당신은 모든 것을 보고 듣고 잊어야 한다.”

나폴레옹

산업 미디어들은 민주주의 법의 특이한 타락을 지닌다. 사실 서로 영향을 주고받는 텔레비전과 언론이 왜곡된 뉴스를 알리는 자유를 **우선 보기에** 마음대로 이용하지 않는다 할지라도, 우리의 법은 그와 반대로 텔레비전과 언론에 적절하지 않거나 그들의 이해관계에 피해를 줄 수 있을 뉴스를 검열하고 배격하면서 텔레비전과 언론에 함구에 의한 거짓말을 하는 터무니없는 힘을 부여하고 있다.

제4 권력—이렇게 부르는 것이 아직도 관례적이다—은 따라서 효과적인 모든 민주주의적 통제를 벗어나 기능할 수 있는 우리의 유일한 제도이다. 왜냐하면 그것에 가해진 모든 자유로운 비판과 모든 대안은 일반 대중에게는 알려지지 않기 때문이다. 다시 말하면 그러한 비판과 대안은 폭넓게 확산되어 일반 대중에게 도달할

가능성이 전혀 없기 때문이다.

몇 년 전에 개최되었던 언론의 자유에 관한 어느 국제심포지엄의 결론은 다음과 같은 사실을 법적으로 인정했다.

"언론과 다른 미디어들의 자유는 하나의 이상으로 남는다. 어느 누구도 그러한 자유를 행사하는 범위를 한정할 수 없을 것이며, 이 자유의 진정한 보유자가 누구인지 정확하게 규정할 수 없을 것이다."[1)]

요컨대 대중은 대중매체를 전혀 모른다. 설사 민주주의 국가에서 각자가 법이 예상하는 범위 안에서 정보를 얻을 권리가 있다 할지라도, **제4 권력**인 언론은 법의 테두리 밖에 있거나 법을 초월하는 것처럼 보인다. 법은 자신이 행사하는 진정한 범위가 시작되는 곳에서 멈추기 때문이다. 그러나 **법과 연관된** 많은 산업 미디어들의 이러한 상황은 너무 단순하게 설명될 수 있다. 만약 몽테뉴가 주장했듯이 법이 **그 무엇이건 구별 없이 받아들이는 관습에 의해 규정되고 민중이나 왕의 견해 같은 유동적인 바다에서 탄생한다면**, 정보를 관리하고 여론의 유동적인 바다를 동요시키는 권력을 마음대로 이용하는 대중매체는 관습과 풍속뿐만 아니라 법의 근거가 되는 규칙과 금지사항의 불확실한 전체를 필연적으로 지배하게 된다. (사실 대중매체는 세월의 흐름에 따라 그리고 경제적 또는 정치적인 어떤 체제 아래서 법의 신비스러운 창조자가 되었다.)

---

1) "법과 저널리즘: 언론의 자유의 본질과 한계", 1984년 10월 25일과 26일에 퀘벡의 라발(Laval) 대학과 피터 데바라의 중요한 도움으로 조직된 국제 심포지엄.

약 200년에 걸쳐 **그 자체가 법을 말하는** 절정에 도달한, **제4 권력**은 자신의 연루된 창피스런 고립을 보게 된다. 모든 여론 조사가 나타내듯이, 예전의 토마스 제퍼슨처럼 **미디어의 자유가 진리에 이르는 가장 효과적인 방식**이라든가, 정보의 취급이 '객관적'이라고 감히 주장하는 사람들은 드물다.

핵억지 시대의 종말에 빠져든, 산업 미디어들은 최근 다른 대량생산처럼 필요한 것에서 불필요한 것으로, 그리고 규제완화의 혼란과 점점 더 가혹해지는 내부적 갈등으로 옮아갔다. 폭로하고 전시하고 공공연하게 모습을 나타내는 산업 미디어들의 권력이 일시적인 은폐의 특권을 희생시키고 끊임없이 발전되기 때문이다. 그 결과, 실제로 언론과 텔레비전의 진정한 문제는 자신들이 보여줄 수 있는 것이라기보다는 오히려 자신들이 사라지게 하고 감출 수 있는 것과, 지금까지 자신들의 힘의 본질을 구성했던 것이다. "최근 저널리스트 자크 드로기는 이렇게 선언했다. 미디어는 제4의 권력이 아니라 반(反)권력이다. 그것은 불투명하고 비밀스러운 모든 것을 감소시킨다."

조사 저널리즘의 이 용감한 투사는 일반화된 '표면화'의 위험을 평가하지 못하는 것처럼 보인다. 물론 이 경우 일반화된 '표면화'는 20년 일찍 큰 스크린, 즉 그 당시에 상상할 수 없는 것처럼 보였던 것과 마찬가지로 작은 스크린을 단기간에 소멸시키겠다고 위협한다. 사실 영화인 래이 해리하우젠(Ray Harryhausen)[2]의 말을 믿는

---

2) (*) 로스앤젤레스 출신의 미국 영화 제작자이며, 스톱-모션 에니메이션의 특

다면, **검열의 사라짐**이 점차 영화인과 관객의 상상력을 고갈시켰을 뿐만 아니라 마침내 영화관의 폐쇄와 스튜디오의 매도와 함께 영화 산업의 쇠퇴를 초래했다는 것이다.

마찬가지로 케이블이나 헤르츠 채널 같은 민영 채널이 무질서하게 증가되고 재핑이 일반화될 때, 특히 철의 장막이나 베를린 장벽의 불투명함 이면에서 그 때까지 서구 카메라의 렌즈를 피해왔던 어떤 세계의 폭로와 함께 우리 시야의 이전의 지정학적 한계가 사라진 후, 텔레비전의 상황은 비판적이 되었다.

모든 기대에 어긋나게, 미디어의 놀라운 해방으로 간주되었던 **라이브 녹화**의 4차원은 미디어의 신뢰성을 심각하게 위태롭게 만들었다. 달리 말하면 카메라를 통해 아주 만족스럽게 그리고 미디어에 의한 어떤 진실의 존재에 이르기까지 밝혀진 사건의 실재 자체를 위태롭게 만들었다.

결국 걸프전의 국제적인 승리를 거둔 후 2년도 지나지 않은 채, CNN은 위기를 맞게 되고, 「월 스트리트 저널」은 1993년 4월 6일자 호(號)에서 테드 터너가 직면한 중대한 재정적 어려움을 폭로하게 된다.

상상에 의한 혹은 거의 상상에 의한 특수영상의 시각적 한계가 없다면, 어떤 무분별도 없다면, 더 이상 견뎌낼 수 있는 가상(apparence)도 없을 것이다. 20세기 초의 기록영화제작자와 유물론자들이 꿈꾸었던 '위대한 대상'의 **완전한 이미지**를 확립시키고자

수효과 창시자로 유명하다.

하는 것, 그리고 광고업자와 텔레비전의 민주주의 신봉자들처럼 '이미지 앞에서의 시청자들의 평등'을 바라는 것은 "이 풍부한 이미지에 힘입어 엄청나게 증가하는 환영들 앞에서 자신을 드러내는 것이다… 이 환영들은 굶어 죽지 않을 것이다. 반면 우리는 죽게 될 것이다"[3]라고 카프카는 자신이 사망하기 1년 전인 1922년에 밀레나에게 썼다.

이제 미디어가 실시간의 절박한 기술에서 생겨난 이 눈부신 새로운 것과 어디까지 위험한 관계를 맺을 수 있는 가를 아는 것이 문제이다. 사실 실시간은 동과 서에서 대중 의사소통 전체에 침투하고 있다. 정치적 · 경제적 · 사회적 정보 또는 범죄 정보에서부터 모든 검열에서 해방된 가짜 오락들(**리얼리티 베이스 쇼**, 영상효과용 음악 비디오, 포르노그래피, 상호작용적인 게임 등)에 이르기까지 무차별적으로 확장되면서 말이다.

대중매체가 무릅쓰는 위험의 특수성을 의식한, 영국 언론인 안드리아스 휘텀 스미스[4]는 1980년대 말에 각각의 전형적인 예가 조심스럽게 검토된 **직업윤리 헌장**을 누구보다도 먼저 완성했다. 이러한 상황에서는 사람들은 어떤 사람의 사생활, 물질적 이득의 문제나 구매자가 판매자에게 은밀히 불법으로 주는 돈의 문제, 특히 **반론**

---

3) 카프카는 **연금술 문집**의 묵시록을 되살아나게 했으며, 그것을 "영혼과 물질의 끔찍스런 결합"과 대등하게 하였다. "이 때 영혼들은 더 이상 눈을 갖고 있지 않고 눈의 자리만을 갖게 되는데, 그것으로 유심히 살펴보고, 마음을 사로잡는다. 그들은 **조심성 없는 시선**으로 인해 잃어버린 시각을 갖게 된다."

4) (*) 안드리아스 휘텀 스미스 (Andreas Whittam Smith)는 1986년부터 1993년까지 「디 인디펜던트」(The Independent)지의 창시자이자 최초의 주간이었다.

게재 청구권의 제한[5]에 개입할 권리가 있다.

11개의 영국 신문들과, 「엘 파이스」지와 「라 레푸블리카」지는 스미스의 제창을 빨리 따랐다. 거기에서는 엄격주의에 접근하는 것이 문제가 아니라 어떤 일이 있어도 제도의 주된 속성인 **제도의 위선적인 힘**을 보존하면서 가장 급한 일에 대처하는 것이 문제였다.

"A. W. 스미스는 본질적인 것을 부언하기 전에 다음과 같이 선언했다. 영국의 저널리스트들은 오늘날 저작자들과 정치인들과 마찬가지로 혐오스러운 이미지를 지니고 있다. 2년 전, 우리는 모든 비판적 기사에 대한 **반론게재 청구권**을 필연적인 것으로 만드는 법안의 가결을 두려워했다. 신문사들이 그들의 직업윤리 규정을 알리지 않고 계속 단독 행동을 했음에도 불구하고 말이다."

A. W. 스미스는 **제4 권력은 분열되지 않는다**고 확신하고 있다. 아마 그는 처음에는 **미디어로 전파하는 것이 의사소통하는 것과는 정반대라는 사실**을 잊지 않았을지도 모른다. 다시 말해서 미디어로 전파하는 것이 봉건적 야만과 고대의 추방의 잔재라는 사실을 잊지 않았을지도 모른다.

20세기까지 미디어로 전파되는 것은 글자 그대로 직접적인 권리를 잃는 것을 의미했다. 황제 나폴레옹 1세는 자신의 군대의 정복에 따라 어떤 왕위계승자들을 간접적으로 나타내었다. 그는 그들이 더 이상 행사할 수 없는 권력의 외양만을 그들에게 남겨놓으면서

---

5) 필립 가비가 1992년 10월 15일 「르 루벨 옵세르바퇴르」지에 요약한 발언. 프랑스 상원의원들은 1992년 11월 30일 미디어에서 처벌이 뒤따르는 범죄행위에 대한 반론게재 청구권을 존중하지 않는 것을 개혁할 결심을 했다.

그들의 행동과 결정의 자유를 박탈했다. 제2차 세계대전 직후에 소비에트 연방에 의한 동유럽의 '예속화'는 특히 타락한 이 방식을 쇄신했다. 결국 시간이 부족했던 이 위대한 '매개자'인 나폴레옹은 속도와 기습에 근거를 둔 군사작전과 빠른 승리를 추구한 사람이었다. 거의 논리적으로 생각해 볼 때, 그는 진가를 인정받지 못한 프랑스 언론 산업을 낳은 사람이자, 무엇이 현대의 **정보 복합체**가 될 것인지를 간접적으로 암시한 장본인이었다.

이는 본래 유명한 샤를르 루이 아바처럼 폴리스 조셉 푸쉐 목사와 그의 새로운 신도들에 의한 정보 · 조사 · 검열의 도움으로, 그리고 군수물품 조달의 입찰자인 의심 많은 은행가 가브리엘 쥘리엥 우브라라르의 재정적 도움으로 이루어진 일련의 연구에서 얻어낸 사실이다.[6] 공포정치의 이론가인 생-쥐스트는 예전에 "한 민중이 억압받을 수 있을 때, 그는 억압 받는다"라고 주장했다. 오늘날 "한 국민이 미디어로 전파될 수 있을 때, 그는 미디어로 전파된다"라고 주장하는 것은 과장된 일이 아니다.

동시에 도처에 존재함과 즉각성으로 인한 우리의 파괴무기들과 그들의 일반적 경쟁의 확산을 걱정하지 않는 것과 마찬가지로 우리의 의사소통 수단으로 인한 지나친 상업화와 산업화를 어째서 걱정하지 않는가?

---

6) 앙트완느 르페뷔르, 『아바. 권력의 비밀』, 그라세, 1992.

전달되는 '실재'가 어떤 거리에 있는지, 그 실재의 이미지가 어떤 속도로 우리의 스크린에 공공연하게 나타나는지 아는 것이 더 이상 문제가 되지 않을 때, 사실 산업 미디어들이 직업윤리적이라기보다는 **인성학적인** 인내의 한계에 도달하지는 않았는지 모두들 의아스럽게 생각할 수 있다… 산업 미디어들은 의사소통의 '자연적인' 조건으로부터, 의사소통의 욕구와 의사소통을 확립하는 능력의 이 균형으로부터 끝없이 멀어질 수 있을 것인가?

의사소통의 능력이 살아 있는 모든 종(種)과 마찬가지로 인간에게 있어서 **세계 안에서의** 자신의 **존재**, 다시 말해서 자신의 생존의 필수적인 조건이라는 사실을 아무도 모른다. 이 타고난 능력은 우리로 하여금 보통 우리의 직접적인 환경과 우리가 그것을 재현하는 것, 즉 우리의 상상에 의한 특수영상을 구별 짓게 한다.

우리를 둘러싸고 있는 변화하는 세계에 적응하는 이 첫 번째 능력에, 우리가 실재와 진실이라고 생각하는 것과, 다른 사람이 실재와 진실로 간주할 수 있는 것을 구별하는 훨씬 더 복합적인 능력이 덧붙여진다. 이 두 번째 능력을 통해 우리는 (몸짓 · 음성 · 표기 등의) 언어에 힘입어 다른 사람을 **대신**할 수 있고 **그의 눈으로 볼** 수 있으며, 그의 시각 체계를 이용하여 어떤 사건을 미리 방지할 수 있고 우리가 보지 못하거나 여전히 보지 못하는 대상과 존재를 **다시 나타낼** 수 있으며, 마침내 그에 상응하여 행동할 수 있다.

따라서 '자연적인' 의사소통은 모음화나 다른 의미 기호를 공통으로 지니면서 시청각적 근접, 간격이나 아주 제한된 영역뿐만 아

니라 제한된 수의 소통하는 사람들을 필요로 한다.[7]

최근까지 우리의 인식과 표현 방식들(예술, 과학, 종교, 전쟁, 사회적 활동과 성행위 등)은 우리를 **분신**, 즉 글자 그대로 **타자-자아**와 동일시하면서 이중인격이 되는 이 놀라운 능력과 마찬가지로 우리 자신(고유한 신체)에 의존했다. 사실 이 **타자-자아**를 통해 우리는 멀리서 실재를 '볼' 수 있거나 이해할 수 있었으며, 또한 이 **타자-자아**로 인해 우리의 시점은 **자연스러운 사회적 입체감**을 지녔다. 마치 동일한 사람의 시선의 희미한 간격에 의해 자신이 지각하는 이미지의 입체감, 다시 말해서 눈의 운동의 희미한 시공간적 간격에 힘입은 이미지의 **입체영상**이 창조되듯이 말이다.

하지만 이제 내가 매우 자주 인용한 바 있는 마르셀 파뇰의 견해로 되돌아가 보자. 극장에서 객석에 흩어져 앉아 있는 관객들 각자는 필연적으로 다른 작품을 보게 된다. 반면에 영화관에서 자신들이 자리 잡은 곳에서 같은 관객들은 정확히 말해서 촬영기가 보았던 것, 즉 **같은 영화**를 보게 될 것이다. 그래서 수많은 관객들이 있는 영화관에는 결국 **오직 한 명의 관객만**이 있다고 파뇰은 결론지었다.

실제로 자신의 좌석에서 꼼짝 않는 관객에게 본래 **부재하는** 것, 말하자면 관객의 시각이 미치는 제한된 영역 밖에 있는 것을 **존재**

7) D. L. 체니/ R. M. 세파스, "인지적 동물 행동학에 있어서의 동물 의사소통의 진실과 기만", 로렌스 얼보움 학회, 1991.

하는 그대로 보여주면서 **분신**(타자-자아)을 '시각적으로' 대신하고자 하는 영사기는 너무 많이 형성되어 실재의 사회적 입체감에 활기를 주었던 입체 영상을 제거한다. 위대한 기록 영화 제작자인 프랑스와 라이센바흐가 '적극적으로 지각하는 존재'의 사라짐에 대해 말하는 것을 들어 보자. "촬영기를 소유하는 것이 나의 삶을 바꾸었다. 촬영기와 함께, 촬영기를 통해서, 나는 무엇보다도 다른 시선을 펼치게 되었다…"

사진기의 '필름감기'에서부터 경찰의 비디오 카메라에 의한 감시, 보도 카메라맨이나 군인의 '무장한 눈'에 이르기까지, 렌즈는 강렬하게 존재와 사물 쪽으로 인간의 시선을 이끈다. 왜냐하면 비즈만이 우리에게 말하듯이, **새로운 기술이 그것을 가능하게 하기** 때문이다. "내가 촬영기를 소유한 순간부터, **나는 사람들을 촬영하지 않고서는 사람들과 함께 있고 사람들 사이에서 사는 어떤 흥미도 느끼지 못했다**… 라고 라이센바흐는 이야기를 계속했다."

이제 촬영기는 그 자신과 모든 것 사이에 있게 될 것이며, 산업 영화의 기적은 의사소통의 매우 중요한 단절을 완벽하게 재현하는 것이 될 것이다.

"나는 **오로지 내가 세계를 보듯이** 당신에게 세계를 보여주는 기계이다", "촬영기를 가진 인간"이다… 라고 지가 베르토프(Dziga Vertov)[8]는 썼다. 이 기계는 무기력한 관객들을 전례 없는 형태의 고독, 즉 **다양한 고독** 속에 빠져들게 한다. 왜냐하면 마르셀 파뇰이

---

8) (*) 러시아 다큐멘터리 영화의 창시자이자 뉴스영화 감독.

매우 잘 말하듯이, 수많은 관객들이 있는 영화관에는 오직 한 명의 관객만이 있기 때문이다! 1960년대 초에, 허버트 마샬 맥루언은 스크린을 문자 언어에 대립시키면서 라디오 다음으로 텔레비전이 세계에 대한 일련의 평가를 위해 책이 사라지게 했던 보편적인 반향과 즉각성을 되찾게 했었다고 주장했다.

만약 가보리오의 견해에 따라 **시간**이 물질적 지표들을 하나씩 사라지게 하고 우리를 사건과 사태의 현실로부터 멀어지게 하는 **어둠 그 이상**이라면, 시간-빛의 실재효과에 대해서도 마찬가지이며, 약속된 통일이 맥루언을 감탄하게 했던 깊이도 그림자도 없는 이 세계의 왜곡된 근접에 대해서도 마찬가지일까?

1950년대 말에, 피델 카스트로는 쿠바 혁명을 추진하기 위해 미국 광고 회사들에 직접 호소하기로 결정했다. 나중에 **공포의 균형**이 이루어지는 동안, 서방국가들을 불안정하게 하는 것을 우려한 공산주의 진영에 의해 주로 조장된 **내밀한 테러행위**는 반사회적인 소수집단이나 제한된 집단에게 강력한 미디어 보급률을 보장하는 무계획적인 기록 영화 제작에 전념하면서 자신의 **정보력**을 알렸다. 예를 들어 1972년 텔레비전 화면에서 뮌헨 올림픽이 열리는 것을 지켜보다가 팔레스타인 특공대가 이스라엘 육상선수들을 그 자리에서 학살하는 것을 목격한 사람들의 수는 10억 명으로 추산된다.

동유럽 국가 진영의 붕괴 이후, 사람들은 군대의 대집단들이 강력하게 무장한 국가적·민족적·경제적인 여러 게토들로 분산되는 것을 보았다. 사실 이러한 게토들은 곧 그들의 **대중 킬러**, **저격**

병, 다른 **체크닉**(**tcheknik**)과 함께 **내밀한 테러행위**의 뒤를 이었다… 하지만 이 경우에는 촬영기 앞에서 역사적인 도시의 체계적인 파괴와 '청소', 소수집단을 인질로 삼는 것, 루마니아 · 이라크 · 사라예보 · 코소보에서 생방송으로 이루어지는 무고한 사람들의 죽음을 보여주면서 **반**(**反**)**핵도시 전략**의 뒤를 이었다…

'도시-세계'에 관해서는, 의사소통 기술의 집중적인 사용이 파놀이 지적한 촬영기 효과의 예기치 못한 반향을 불러일으켰다. 사실 촬영기 효과는 우주적 게토의 지위에서 벗어나지 못하는 세계 전체를 뒤덮고 있는 (탈산업적 · 탈국가적 · 탈도시적…) 게토의 이 반문화와 함께 수십억의 사람들에게 **다양한 고독**을 확장한다.

내적 논쟁의 행위, 인간 권리의 강요, 희생과 고통으로 끊임없이 새롭게 된 매혹적인 스펙터클의 함정에 빠진 대중매체를 불안정하게 만드는 혼돈은 게토에서 태어난다.

동유럽 국가들에서의 인종 청소와 서구 대도시의 소외된 교외의 위태로운 상황 사이에 존재하는 유사성을 왜 파악해서는 안 되는가? (사실 이 경우에는 익명의 파괴 · 마약 · 매음 · 강탈 · 인종폭력단 간의 무장대결이나 군인에 의한 무정부 상태 · 기아 · 부족 학살에 시달리는 옛 식민지의 황폐가 일반화된다.) 이미 약 30년 전에, 미국의 텔레비전이 미국에서 '상승하는 열망의 혁명'이라고 불리던 것의 주된 원인으로 간주되었던 사실을 기억해야 하는가? 사실 선전용 영화나 추첨을 통해서 소비사회의 사치스런 물건들을 집요하게 보여줌으로써, 혜택을 못 받은 소수집단들이 좋아하는 미디어는 전문가의 주장에 따르면 참혹한 폭동의 주요한 원인이 되었다. 그런데 이 폭동은 미국 남부의 게토에서 거세게 일어난 후 북부, 즉 디트로이트와 뉴어크(1967)로 옮아갔다. 이 폭동을 담은 텔레비전 르포물에 의해 더욱 가중된 책임을 느낀 스토클리 카마이클이나 랩 브라운 같은 흑인 지도자들은 텔레비전 채널과 라디오가 매일 긴 방송 시간을 할애하면서 진정한 스타들을 만들어 낼 때까지는 거의 경쟁자를 갖지 못했다.

이렇게 텔레비전은 폭력을 산출한 후 폭력을 선동했다. 그리고 텔레비전은 대중에게 폭력을 설명할 책임을 지게 되었다. 말하자면 텔레비전은 대결・살인・약탈이 이루어지는 곳에 단순히 촬영카메라를 설치함으로써 폭력을 설명할 책임을 지게 되었다.[9]

'광고'와 정보의 이 상호활동을 통해, 학생 운동가와 선도자들은 소수 민족의 예를 빨리 따랐다. 대학 구역에 대해 미디어의 주의를 끌기 위해서는 캠퍼스를 방화하거나 점거하는 것으로 충분했는데, 그들이 행했던 것을 곧 학생 집단이 세계의 여기저기서 모방하게 되었다… 항상 대다수의 소외 계층이 이 방식을 하나의 관행으로 삼지 않을 때까지 말이다.

정보 공개 정책[10]과 더불어, 서방의 텔레비전들은 마치 30년 빨리 미국 도시의 흑인가의 배척받은 사람들처럼 동유럽 국가의 주민들을 원격 행동하게 할 수 있었다. 말하자면 감금, 사회적 고통과 욕

---

9) E. 에머리, Ph.H. 올트/ W.K. 에이지, 『대중 의사소통 입문』, 도드/ 미드 출판사, 뉴욕.
10) (*) 옛 소련 말기의 개방 정책 중의 하나.

구불만에서 생겨난 욕망을 자극하면서 그리고 하루 종일 실제적인 또는 가장된 민중 폭동의 이미지를 확산시켜 그들의 과업을 완수하면서, 폭동의 급속한 확산과 1991년 8월 모스크바에서 발생한 '허기진 반란'에까지 도움이 되었다.

이 기회에, 세계의 텔레비전들은 스펙터클한 에피소드를 실시간으로 전했다. 22일과 23일 밤에 강력한 조명 빛 아래, 모스크바 군중은 KGB의 옛 건물 정면에 세워진 펠릭스 드제르진스키의 거대한 동상의 철거를 목격했다.

1926년에 사망한 이 인물은 그 당시 소련 비밀 외교의 우두머리이자 자신이 다음과 같은 한 마디로 요약한 **전략적 정보 조작**의 뛰어난 이론가였다. "서구인들은 그들의 욕망을 현실로 착각한다. 사람들은 그들에게 그들이 욕망하는 것을 줄 것이다!"

청동 대형 동상의 무너뜨림을 위장한 텔레비전의 극작술에 여전히 속을 수밖에 없단 말인가… 그 날 밤 소련의 꿈은 사라진 환상이었고, 서방이 꿈은 핵억시 시대의 종말에서 살아남은 환상이었는가?

오래 전부터 공산주의 정보 조작의 가공할 술책에 직면한, 자본주의 세계 역시 욕망을 현실로 착각하게 하는 기술에 정통했다.

19세기 초에 '잡보'란에 대수롭지 않게 실렸다가 출판 및 보도의 물질적 · 도덕적 자유를 쉽게 보장하는 재정적 상대의 지위에 오른, **광고**는 세월의 흐름에 따라 산업적 지위에 도달하고 정보 복합체의 한가운데서 지배적인 자리를 차지했다.

소련 미디어의 국영화 직후에, 다시 말하면 1930년대의 뉴딜 정책 직전에 미국의 소비사회가 실현됨으로써, 문화적 · 경제적 · 지리적 · 민족적 차이를 평준화할 수 있는 **대중 마케팅**의 개발은 필연적인 것이 되었다… 물론 이때 국가는 사회적 · 산업적 분야에 개입하였고, 정부의 관계기관을 통해 사진사 · 영화사 · 라디오 방송사에 은밀히 영향력을 행사했다.

이제 **광고**라는 말은 **선전**을 의미할 것이며, 미국에서 사람들은 소비재의 단순한 판매촉진에서 매우 일반적인 정보로 옮아갈 것이다. 사실 이 매우 일반적인 정보는 점차 실존하는 저널리스트들에게서 벗어나 광고 산업과 그 다양한 요인들에 귀착될 것이기 때문이다.

이 새로운 복합체는 맨 먼저 미국의 국내시장을 공략하였고, 그 다음에는 제2차 세계대전까지 유럽사회를 파고들려고 했지만 허사였다.

상대를 무너뜨리는 것은 상대를 사로잡는 것이라기보다는 상대를 매혹하는 것이다. 경제적 전장은 군사적 지각장과 곧 뒤섞일 것이며, 미국 정보 복합체의 계획은 명백해질 것이다. 즉 그것은 세계적인 미디어 전파를 목표로 삼을 것이다.

히로시마의 핵폭발이 일어난 후 1년도 지나지 않은 채, 미 국무장관 제임스 바이른스는 늙어가는 레옹 블렝에게서 프랑스인들이 그 효력을 따져보지 못한 '첨부서류'가 포함된 중요한 재정 계약서를 받아냈다. 그것은 미국의 경쟁에 대항하는 프랑스 영화의 대부분의 보호장치에 대한 포기였다. 영화관은 한 달에 한 편의 프랑스 영화만을 상영할 수밖에 없었다. 이러한 협정은 프랑스 영화의 특성과 성장력을 파괴할 수밖에 없었다.

1986년 이후, 다시 말해 우루과이 라운드 협상 이후, GATT의 자유 무역론자들은 미국의 요청에 따라 **문화와 시청각 설비**, 즉 세계 교역의 35%를 점유하는 **서비스 무역**에서 그들의 능력을 발휘하기를 바랄 것이다. 반면 유럽에서 미국은 이미 '영상' 시장의 70%를 점유했고 아프리카에서는 90%이상을 점유했다.[11)]

상당한 지연이 있긴 했지만, 프랑스의 한 광고업자는 1980년대 말에 **광고는 민주주의이다** 라고 선언함과 동시에 아카데미 회원의 자리를 노릴 수 있었다. 전통적인 정치적 담론이 정보 조작의 모호한 상태 속에서 고갈되어 가는 지적 담론과 결합된 사어(死語)가 되어 버렸기 때문에, 광고업자는 추기경 · 원수 · 과학자 · 문인 · 영화인이나 언론인 다음으로 아카데미 프랑세즈 회원이 될 수 없을 것인가? 그리고 광고 언어는 아카데미즘으로 인정될 수 없을 것인가?

국가의 선전에 긴밀하게 통합되면서 선전의 비방자들과 특히 소비자 보호 연맹에 의해 부도덕성 때문에 비난받는 (사람들은 위법 행위에 빠져들지 않으면서 시민들을 유혹하고 하물며 기만할 권리가 있는가?), 광고는 심리적으로 불안정해진 의회의 세계를 통해

---

11) GATT의 위협 앞에서, 잭 랠리트는 미디어 권력의 장악에 맞서 특히 1993년에 유럽 의회와 문화의 전반적인 상태에 일련의 행동을 취했다.

그 자체가 민주주의 국가에 행사하는 압력을 고려하지 않고서는 권력의 모든 영역—스포츠·과학·철학·윤리학·문화·인도주의적 원조—을 달리 충족시킬 수 없었다. 워싱턴의 강력한 광고 로비스트들이 "미국 국민들에게 제기된 모든 문제를 해결하는데 협력할" 준비가 되어 있다고 말할 정도로 말이다. 사람들은 제각기 과시적이고 가장된 형태나 잠재의식적 형태로 하루 평균 1500번 이상의 광고를 받아들이게 될지도 모른다.[12)]

마찬가지로 미국의 광고산업이 통제하는 '서비스'(영화·카세트테이프·잡지·콤팩트 디스크…) 수출 시장의 끊임없는 증가 규모는 L. T. 스틸리 같은 자유무역론자들에게는 "미래의 세계를 구축하는 진정한 수단"인 것처럼 보일 수 있다.

최근 프랑스 텔레비전 1채널의 한 책임자는 다음과 같이 선언했다. "텔레비전에는 점점 더 프로그램들과 정보 사이에 황색 선이 존재하지 않는다… 하지만 텔레비전 뉴스이자 저널리스트들의 예외적인 영역인 적색 선이 존재한다. 그 밖의 모든 것은 게임의 분야를 제외하고 거의 어디에서나 정보가 교묘하게 스며드는 중간지대이다. 특히 시청자에게는 정보과 그 밖의 프로그램 사이에 경계가 존재하지 않는다. 그리하여 우리가 중요한 방송 프로그램을 제안했을 때, 우리는 그것을 저널리스트 안느 생클레르와 진행자 크리스토프 드샤반느에게 맡기고 싶었다. 그것은 아마 텔레비전 채널 상에 존재하는 최상의 조화로운 예가 될 것이다."

---

12) 『매스 커뮤니케이션 입문』, 인용.

정보라는 용어를 **정보 복합체**라는 용어로 대체하면서, 사람들은 어떤 메시지를 해독할 필요가 있다. 담배나 술 광고의 단순한 금지가 대부분의 신문·잡지의 정기 간행물과 몇몇 민영 채널을 사라지게끔 위협할 때, **광고**와 **뉴스 광고**는 완전한 패러다임을 구성하는 것처럼 보인다. 이제는 그 어디에서도 적색 선은 존재하지 않으며, 시간이 흘러감에 따라 텔레비전 프로그램 전체는 경제적 구속만이 지배하는 **중간지대**로 접어들게 되었다. 환기된 사람들에 관해 말하자면, 각자는 이 개성적인 인물들이 텔레비전 시청자들로 인해 계속해서 사라진다는 것을 알고 있다. 이른바 배우나 연예인들은 어떤 쓸모없는 가정용 로봇처럼 곧 버림받을 수 있기 때문이다. 생클레르는 자신이 뉴스의 어떤 추적도 확신할 수 없는 한 엄밀하게 말해서 '저널리스트'가 아니다. 왜 어떤 전형들을 결합하지 못하는 것일까?

최근 어느 저널리스트는 오래된 퓌블리시스(Publicis) 협회장인 모리스 레비에게 다음과 같이 질문했다. "광고는 정치와 미디어와 마찬가지로 일종의 신뢰의 위기에 직면하지 않습니까?"

미국에서 국가의 텔레비전 광고 캠페인에 할당된 비용의 80%를 통제하는 **네트워크들**은 최근에 다시 문제 제기된 그들의 지배권을 검토했다. 1947년의 40억 달러에서 1970년대부터 250억 달러 이상으로 되어 버린 미국 광고 산업의 연 총 매상고 역시 계속 위험스럽게 감소한다.

이러한 신뢰성의 위기가 시작되자마자, 이탈리아의 몇몇 광고업자들은 가면을 벗어던지고 **오늘날 누가 누구를 미디어로 전파할 것인가**? 라는 근본적인 물음을 다시금 제기할 때라고 평가했다. 소비사회의 악화상태가 지체 없이 사라질 것이기 때문에, 시대착오적이 되어 버린 뉴스/광고의 연결을 다시 균형 잡는 것이 긴급했다. **생방송**의 영향력에 힘입어, 국제적 테러는 정보에 거의 비용을 들이지 않고 군중을 미디어로 전파할 수 있는 많은 충격적 영상을 제공했다… 따라서 광고는 이 충격적 영상으로부터 미적인 것을 차용할 수 있으며, 반감은 지나치게 비싸고 비효과적인 80년대의 **돋보이게 하는** 영상효과용 비디오 필름의 매혹과 가짜 유혹을 대신할 것이다. 루치아노 베네통은 그것을 다음과 같이 확인시켜 주었다. "사람들은 광고업자들보다 현명하다. 그들은 현실 세계 속에서 살아간다."

테러처럼, 광고는 **정보의 대단한 힘을 지닌** 자신의 지위를 신속히 공식화할 것이다. 테러처럼, 광고는 최후의 금기를 파괴할 것이며 고통·종말·죽음·생태학적 재앙을 스스로 만족하여 보여줄 것이다… 광고는 민주주의·예술·정치·종교를 비판할 것이다. 문화-광고의 공동 제작자인 안느 마니엥은 1992년 4월 이렇게 적고 있다. "베네통이 **어떤 자각을 위해** 더 이상 자신의 중계 역할을 맡지 않는 **미디어들 속에서 돌파구**를 찾아냈다는 사실을 믿어야 한다. 상표는 제도에 없는 가치의 마케팅에 근거한다… 상업적 실패는 검열관의 제재보다 더 도덕적인 최상의 제재이다."

사회적 소통의 종말론이나 종말의 도덕이 아니라면 무슨 '도덕'

인가? 약 30년간의 시청각적 성과 후에, 정보 복합체는 **인간=격리 상태**라는 새로운 등식 앞에 놓이게 된다. 라디오와 텔레비전은 자신들이 복잡하게 뒤얽힌 사회적 늪을 창조하는데 기여했던 무질서한 대중에게만 호소한다. 사실 이러한 늪에 빠져 있는 관계자들은 **다양한 고독** 속에서 근근이 살아남는데, 그들은 대체로 반순응주의자, 이혼자, 실업자, 소수 집단, 성적 또는 위생적인 문제가 있는 사람들, 자기 자신에게 빠져 있는 편부모 가족의 아이들이다. 대중매체와 대중매체의 민주주의적 갈망은 귀환 불가능 지점 · 허용 한계에 도달한 것처럼 보이는데, 이때 대중매체의 특수한 힘은 보다 고독하고 보다 **집단에 꼭 맞는** 다른 형태의 종속관계를 위해 사라진다… 그것은 미국 흑인가에 사는 아이들의 경우이다. 그들은 마약 · 포르노 · 살인에 중독되고 있으며, 언론과 텔레비전이 늙은이들과 백인들의 속임수이라고 말한다.

이미 광고업자 필립 미셸은 이렇게 선언했다. "광고는 선전하게 하지 않고 태도를 창조해야 한다." 오늘날 사람들이 탐방 광고라고 부르는 것은 영상효과용 록 비디오 필름과 함께, 특히 금주 · 금연 · 마약퇴치 캠페인과 함께 시작되었다. 샤를르 망송은 이렇게 주장한 바 있다. "만약 당신이 나에게 마약이 존재하는 것을 말하지 않았다면, 나는 결코 마약을 복용하지 않았을 것이다." 사실 사람들은 무엇이건 소비를 왜곡하는 광고를 알지 못하고 있다!

1993년 훌륭한 여성 잡지의 필요성 때문에 **저격병들**의 포화를 받는 도시 주민들의 치명적인 도주를 흉내 내면서 세련되게 옷을 입은 '미의 여왕'이 파괴된 차량들 사이로 사라예보의 폐허 속을 달려가는 장면을 촬영할 때도 사정은 마찬가지다. 따라서 패션 사진가의 조준은 숨은 암살자의 조준과 완전히 혼동되는데, 그것은 우리가 공유하고 싶은 고독한 흥분이다.

제 2차 세계대전 동안, 선전기관들은 이런 유형의 성과를 회피했다. 왜냐하면 평화의 가능한 회복을 믿으면서 가장 귀중한 상징들 ―번영·문화·스포츠·스펙터클·가정―을 간직하는 것이 필요했기 때문이다. 미와 살인을 정반대되는 것에 연결하는 것은 곤경이나 귀환 불가능한 상황을 창조하는 것이며, 사람들이 '완성'하고자 하는 세계를 파괴하려는 욕망을 자극하는 것이다. 그러므로 안느 마니엥의 판단은 옳았다. 즉 탐방 광고는 최근의 금기들을 삭제한다. (이탈리아·스위스·터키에서) 박물관·교회·역사적 기념물들을 공격하고 관광객·지식인·저널리스트·행인들을 학살하는 '새로운 테러행위' 같은 것을 삭제한다…

워홀과 몇몇 다른 예술가들이 사용한 다양한 낡은 것 이후로, 정보력의 확대는 반문화의 새로운 대상이 된다. 뉴욕 휘트니 미술관 비엔날레의 주요 책임자인 엘리자베스 수스만은 광고업자들의 말에 자신의 말을 맞추면서 1993년 봄에 다음과 같이 선언했다. "**보다 현실주의적 말로** 예술의 세계를 재정의 하는 것이 필요하다." 전시회의 다양한 '맥락화의 교훈들' 중에서, 사람들은 조지 할리데이라는 '작가'의 이름이 소개되고 서명된 로드니 킹 구타 사건의 유명한 비디오테이프를 다시 보고 싶어 했다. 실제로 아마추어 비디오 영상 예술가인 조지 할리데이는 경찰 폭력의 증인이었으며, 1992년 4월 로스앤젤레스의 폭동·살인·약탈의 간접적인 원인이 되었다.

운동학적 동력에 의한 착시(초당 24번의 실상!)에서부터 전자파의 절대속도에 의한 인간의 초감각적 투시력의 최종 분해능력에 이르기까지, 기술적인 미디어 전파는 초보적인 미디어 전파의 기술을 점차 혁신했다. 그것은 직접적인 폭력을 행사하지 않은 채 우리의 직접적인 권리를 빼앗으려고 했으며, 이전의 의사소통을 끊임없이 무시했고, 대다수를 사회적으로 견딜 수 없게 되어 버린 **현실효과**와 그로 인한 지정학적 혼란 속에 빠뜨렸다.

이 점에 속지 말자. **미디어의 자유**(민주주의적 권리, 즉 알리고 전달하고 이동하는 합법적인 자유)는 이제 미디어가 지닌 **해방의 힘**(의사소통의 확대·증식·가속·수단)과 분리될 수 없으며, **합법적인 상태**와 **사실상의 상태** 사이의 위험한 혼합의 형성과 분리될 수 없다.

정보 쿠데타

“숨기면서 말하는 것, 말하면서 숨기는 것.”

드비즈

운동이 사건을 초래하기 때문에, 현실은 **영화 극적**이다. 만약 정보 복합체가 가상(apparence)의 끊임없는 변화에 리듬을 줄 수 있는 **동력의 기술**이 아니었다면, 그것은 결코 자신의 현재의 힘에 도달하지 못했을 것이다.[1)]

1814년부터 바로 제작과 보급의 분야에서 세운 기록들 이후로, 런던 「타임」지의 편집장인 존 발터 2세는 시간당 천장을 찍을 수 있는 정말 효과적인 최초의 증기 인쇄기를 설치한다. 이 인쇄기는 1827년에 1848년의 최초의 윤전기가 발명될 때까지 시간당 5천장을 인쇄하는 카우퍼와 애플가스의 인쇄기로 대체될 것이다. 그리고

1) 칼 크라우스는 『도래한 밤』에서 영화 극적(cinédramatique)이라는 용어를 사용한다.

10년 후에는 시간당 2만장을 찍는 인쇄기가 등장할 것이며, 19세기 말에는 오마르 머겐탈러에 의한 자동식자기의 발명에 힘입어 식자의 가속화가 이루어질 것이다.

「타임」지가 유스턴 역의 기차를 통해 신문을 지방으로 직접 발송하면서 경쟁 신문들보다 3시간을 벌 수 있었다는 사실을 잊어서는 안 된다. 영국에서 발행되는 신문은 1810년경에는 1년에 2천5백만 부에 이를 것이고 1820년경에는 3천만 부에 이를 것이다.[2)]

해양과 철도 수송의 가속으로 인한 난파와 탈선, 자동차나 비행기의 충돌과 추락, 증기 인쇄기와 윤전기 그리고 영화의 환상을 초래하는 영상 윤전기 이후, 파열(波列)은 무선·영상 신호로 특수한 재난을 재현할 것이다. 뉴스는 대단한 위력을 지니며, 정보는 여론 캠페인이나 호전적인 선전 심지어 유행(épidémie)을 초래하는 폭탄처럼 폭발한다. 최근 지젤 알리미가 기술했듯이, 그 이유는 이러하다. "해방의 방식보다 더 쉽게 전파되는 것이라고는 없다는 것이다."

1940년 영국 언론의 거물급 인사이자 군사 항공술의 지도자인 비버브룩 경은 "나는 조직을 발견하면 파괴한다"는 것을 좌우명으로 삼았다.

이미 제2 제정 아래서 「라 마르세예즈」의 편집자인 파스칼 그루세는 이 인기 신문을 "제국 군함의 갑판에 전속력으로 발사된 어뢰

---

2) 여기서 언급된 많은 정보들은 샤를르 르드레의 『신문의 역사』(아르템 파이아르, 1958), 장 모리엥발의 『프랑스 유력일간지의 창조자들』(1934), 으젠느 아텡의 『프랑스 신문의 정치적·문학적 역사』(1859/1861)에서 발췌되었다.

정"에 비유했다. 곧이어 값싼 신문이 보급되는 가운데, 경제적 위기뿐만 아니라 도덕적 인간의 스캔들과 형벌이 증대될 정도로 공화국의 자유를 남용하는 「페나르 영감」이나 「바깥으로」 같은 간행물들은 무정부 상태와 범죄에 빠져든 독자들에게 폭탄 제조의 방식을 제공하기에까지 이르렀고, 친절하게도 그들의 잠재적인 희생을 나타내기까지 했다. 언론과 사건의 방향으로 나아가는 이 상호적인 방식을 완전히 의식하고 있는 무정부주의자들은 따라서 '행동하는 정치'를 생각해낸다. 그들 중의 한 사람인 쥘 보노는 범죄에 관해서는 훌륭한 혁신자였는데, 언론을 통하여 파리 경찰청의 우두머리를 비웃는 습관을 붙였다. 1912년 4월 28일 자신이 죽게 될 너저분한 곳에 있는 동안, 그는 이렇게 기술했다. "나는 유명한 사람이다. 명성 때문에 내 이름이 세계 도처에 알려지고 있다. 그들에 관해 말하게 하기 위해 많이 애쓰는 사람들을 질투하도록 만드는 이유가 있다." 마찬가지로 제1차 세계대전이 일어나기 직전에, 호전주의적인 언론 전체 때문에 애국자들은 장 조레스를 암살하게 될 것이다. 그것은 1914년 7월 31일 벌어진 사건이다. 거의 한 세기가 지난 후, 방송 프로의 사회자이자 옛 레지옹도뇌르 훈장 패용자인 샤를르 빌르뇌브는 "원격-영상 방송을 하는" 프랑스 텔레비전 1채널을 "전술 핵무기를 갖춘 핵 항공모함"에 비유할 것이다!… 확실히 세월이 흘러감에 따라, **오로지 매체들만이 변화한다**. 예전에 르네 샤르는 "거리를 없애는 것은 아연실색하게 한다"라고 주장했다. 미디어의 해방의 힘을 끊임없이 증대시키는 것은 우리들 각자에게 생소한 먼 거리나 자연스러운 비밀에 의해 숨겨진 것에 지나치게 접근시키는 것이다. 따라서 그것은 여기 지금 **미개상태**(같은 언어를 말하지 않는 사람에게는 **바르바로스**(barbaros)는 생소하다…)를 재발견할 위험을 무릅쓰는 것, 달리 말하면 **적을 찾아내는 것**이다.

무장한 사람들의 마음이 언제나 불안하게 동요하기 때문에, 고대 그리스인들은 거닐면서 들려주는 노래로 그들에게 세계의 가상(apparence)에 관해 가르쳐 주는 음영(吟詠) 시인들에게 어떤 맹목적인 특권을 부여했다. 그들의 관점에서 보면 일어나는 것, 뜻밖의 것, 사건, 시의적절하지 않는 출현, 즉 시간의 비가시적인 운동 속에서 바로 파악될 수 없는 모든 것이 이 세계의 가상 속에서 발생한다는 것이다. **여러 세대들이 굴복하는 것을 보았던 늙은이들의 시선에서 벗어나는 것조차** 복수심 강한 신들의 편재하는 횡포와 혼동된다. 사실 이 신들은 모든 것 속에 현존하는 그리고 소문에 의해서가 아니면 아무것도 알지 못하는 풍문·증오·병적인 공상을 조장한다.[3)]…

몇 천 년이 지난 후, 사람들은 신을 모독하는 우리 시대가 신정(神政) 정치의 위협적인 속성으로부터 의사소통 수단의 힘을 계속 보호한다는 사실과, 오늘날 재검토된 미디어의 놀라운 신뢰성이 예전의 초인적 무류성의 최후의 변화들 중의 하나에 불과하다는 사실

3) 『일리아드』에 따르면.

을 깨닫게 된다. 19세기 초, 미국의 주요 신문들은 정보의 근원으로서보다는 사회적·경제적 또는 정치적 분야에서 '절대적 진리'와 검열관으로서의 지위를 확보할 수 있었다. 「뉴욕 트리뷴」지(1860년 하루에 20만 부 발행)는 '위대한 도덕적 기관지'라는 별명이 붙었으며, F. 루터 모트는 그것을 **성경** 바로 **다음으로** 평가했다!

아주 먼 옛날부터, '신들'은 언제나 매개자처럼 보였다. 그리하여 이집트인들은 메시지를 전달하고 변화와 이행을 협상할 뿐만 아니라 날개가 있고 다형인 그리스 라틴의 헤르메스-메르쿠리우스의 수많은 화신들과 함께 계속되어 온 전통을 이끌어가다가 잠시 잊게 하거나 벗어나게 하는 책임을 진 매개자가 될 헤르메스 신을 통해 (말과 문자의 창조자인) 토트 신의 이름을 표현하는 습관이 붙었다. '신들의 비밀'에 연루된 최초의 매체들은 따라서 신비성에 집중했다. 간격을 메우면서 사건의 도래를 앞서가는 쓰인 편지는 실제로 '어찌할 방도가 없는' **운명**과 혼동될 수 있었다… 『일리아드』의 어떤 구절에서, 프라에토스는 자신이 죽이고 싶어하는 리시 벨레로폰에게 "살인의 여러 징후가 읽혀지는 봉한 편지와 불길한 메시지"를 맡긴다. 먼 거리에도 불구하고 전달되는 그리고 몇몇 전문가들만이 해독할 수 있는 암호문과 수수께끼들, 약속이나 도정을 나타내는 나무나 돌 위에 새겨진 의미있는 표시들은 지나가는 유목민을 기다린다.

언어와 문자의 사용이 일반화되고 민주주의의 법을 보증할 때, 해결책은 편지를 주고받는 새로운 규칙 체계와 함께 출현한다. 플

루타르코스는 스파르타 시민들이 사용하는 은밀한 편지 교환 방식을 고려한다… 그러나 숫자・말・상징을 대체하는 의미에서, 엄밀한 의미에서의 암호법은 셈어족에 속할 것이다. 예언자 제레미는 신격화된 독재자들처럼 권력가들이 단순한 적용이 가능한 변이형을 실행에 옮기기 전에 최초의 암호법들 중의 하나를 분별 있게 이용했다.

신의 **운명**에 귀속하는 것으로서의 메시지의 비밀로부터, 사람들은 결정적인 방향전환으로 옮아갔다. 스파르타처럼 고대 그리스의 군사정권은 재산의 산술적 분배(전리품)와 공간의 기하학적 분할(식민지 개발) 여하에 달려 있었다. 국지적 전쟁의 종말과 위대한 그리스 국가의 탄생과 함께 분쟁 규모의 변화는 **정보 매체 전파의 이론**에 귀착하면서 정보의 필연적인 분할을 요구할 것이다.

어느 세대에서는 호메로스의 전통에 가까운 헤르도토스[4]의 『이야기들』은 자신이 목격하는 전쟁을 설명하는 투키디데스[5]의 **과잉 저널리즘**으로 대체된다. 수수께끼를 신의 개입으로부터 벗어나게 하면서, 그는 정보의 사실 확인 체계와 훌륭한 비판적 분석을 통해 정확성을 보증하는 직접적인 증인들의 증언에 관심을 갖는다.

그러나 그리스의 역사는 민주주의적 연대성에 의한 군사적 필연성이 드러나는 강한 감정적 책임을 지닌다.

사실 **혼자서 살인자가 될 수 없는 것과 마찬가지로 갑자기 시민**

---

4) (*) '역사의 아버지'로 간주되는 그리스 역사가.
5) (*) 고대의 가장 유명한 그리스 역사가.

이 될 수 있는 것은 아니다. 고유한 신체를 버리고 이중인격이 되기 위해서는 그리고 자신의 **동일성**에서 **도시국가에서 이미 죽은 전사의 동일시**로 옮아가기 위해서는 어떤 최면상태, 일반적 의식이 필요하다.

단 한 사람보다 군중을 쉽게 속일 수 있기 때문에, 그리스에서의 **여론** 형성은 군사적 최면상태와 비슷할 것이다. 그것은 "많은 사태들을 파악하면서 앎과 무지 사이를 방황하는 중간적인 힘" 일 것이라고 플라톤은 우리에게 말한다. 그리고 "가시적 세계는 여론의 영역이다"라고 그는 덧붙여 말한다. 소크라테스는 범죄·근친상간·폭력·증오·복수·가족의 잔혹성을 표현하는 음영시인들의 노래와 호메로스의 이야기에 기초한 그리스의 아동 교육을 걱정한다. 그의 견해로는, 그들의 노래와 이야기는 그 후에 생겨난 비극과 마찬가지로 아동들에게 어떠한 정화 효력도 미치지 못했다. **모든 사람들을 즉시 감동시킬 수 있는** 비극의 시인들은 이 도시 저 도시를 다닌다. 그들은 에피다우로스의 극장처럼 이미 1만4천 또는 1만5천 곳에 있는 극장들에 대중을 집결시킨다. 거기서 알려지고 노래 불러지고 상상되고 비판되는 것은 모든 사람들에게 **가시적인 것의 영역**이 된다. 비밀과 내적 진실에 관해 말하자면, 그것들은 대중 의사소통의 단절로 간주된다. 반면 모든 민주주의적 진실은 의회나 법정에서와 같은 이유로 극장에서 공유되고 공동으로 스스로를 모색한다. 따라서 플라톤은 객관적인 증명을 한다. 즉 **사람들은 실재가 아닌 가상을 쉽게 모방할 수 있다는 것이다.** "마치 거울을 이용하는 마술사가 태양과 별과 지구, 자기 자신과 다른 살아 있는 존재들을 빨리, 매우 빨리 **만들어 낼** 수 있는 것처럼 말이다…"

고대극의 무대에서 이미 문제가 된 것은 **가시적 세계의 모방**이다. 비밀을 폭로하고 여론을 길들이는 책임을 진 최초의 대중매체는 실재를 속이는 것, 즉 무대 전환·가장·무대 장치류·**절박한 장면의 해결책**과 함께 연출하는 것에 불과하다…『국가론』에서 플라톤은 민주주의는 '매력'을 지닌다고 주장한다. 그리고 민주주의는 "헌법들로 구성된 진짜 무질서한 곳"—"아이와 여자들을 기쁘게 하는 얼룩덜룩한 옷들 중의 하나처럼" 기이한 착시 전체가 축적되는 진열창이라고 그는 말한다. **하지만 과연 타락하지 않는 국가들이 존재하는가**? 라고 철학자는 결론을 내린다.

전장에서 새로운 민주적 군대의 규율에 의한 병참술은 부분들을 공동으로 이동시킬 수 있는 전체로 지나치게 통합해서는 안 되는가? 암시작용과 환각이 증식하고, 병기들이 증대하며, 화경이 실명과 화재를 초래한다. "혁혁한 용사 헥토르가 자신의 아들을 맞이할 때, 겁에 질린 아이는 아름다운 허리를 지닌 유모의 가슴에 얼굴을 파묻고 몸을 굽힌다. 그는 자신의 아버지와 청동갑옷, 그리고 투구 위에 기울어져 있는 말총의 소름끼치는 깃털장식을 보고 외친다." (『일리아드』, 6장)

고대 그리스에서 민주주의와 단 한 사람이나 소집단의 참주정치를 비교할 때, 끊임없이 사람들은 잔인한 육체적 폭력 대신에 실재의 개념 자체를 공격하는 대중매체 전파에 의해 허용된 정신적 폭력을 사용하고자 한다. 따라서 사람들이 어떤 영화 극작술에 빠져드는 도시국가들에서 기원전 4세기부터 어떤 가짜 철학자와 궤변가들이 점점 더 타락한 설득의 기술을 발전시키기 시작하는 것은 당연하다. 이 **고대 웅변술**은 그것이 무엇이건 간에 진실성이나 허위에 거의 개의치 않았으며, 정세의 진행속도를 빠르게 하고 불안정한 세계에 관해 가르쳐주는 데 만족했다.

젊은이들을 추적하는 사람이자 다양한 이익을 추구하는 자, 가짜 웅변술 교사이자 경우에 따라서는 밀고자인 플라톤의 트라시마코스는 어떤 일이 있어도 대중을 선동한 다음 마치 요술처럼 대중을 달래는 데 탁월했다. 루시엥[6]에게 있어서 웅변술은 법정이나 연극과 같으며, "**보여주긴 하지만 삶의 변화도 징조도 지니지 않는** 무기력한 이미지들에 대한 투쟁"과 같다. 세네카는 시구나 명구 속에서 감정이 억제된다는 사실이 사상에 **강한 팔로 던지는 투척물의 힘**을 부여한다고 생각했다. 웅변술은 전달하는 수단이기보다는 의사소통의 수단이다. 이 의사소통 수단으로 알려주는 힘은 자주 폭로하고 공격하는 힘을 지니기도 한다… 아무도 트라시마코스가 비난을 가하거나 비난을 반박한다는 사실을 보다 잘 알지 못했다고 플라톤은 적고 있다. 고고학 유적지는 민주주의의 웅변술, **도편추방**,[7] 대체로 취소할 수 없는 결정을 요구하는 많은 투표의 폐기물,

6) (*) 발자크의 소설 『잃어버린 환상』에 등장하는 주인공.

즉 도기 파편이나 이름이 새겨진 조개껍질로 넘쳐 났다. 특히 이 조개껍질 위에 **고대 그리스의 도시국가**의 영화 극적인 운명이 날마다 새겨졌고, 공간 · **광장** · 극장 · 경기장 · 법정의 동일한 상황 속에 **다른 모든 운명이 놓이게 된다**는 필연성까지도 새겨졌다… 흔히 도편추방은 **뒤집어 놓는 투표**라고 불리었다. 사실 그것은 감정상실과 투석 형벌과 집단적 살해의 잔재이다. 하지만 고대 그리스의 참주정치가 자신의 효력을 지닐 수 있었다면, 도시국가의 끊임없이 확장된 차원과 일반적으로 도시의 혼란에 적합했는지 모두들 의아스럽게 생각할 수 있다. '경찰'의 수준에서 대중 의사소통은 일반화된 밀고의 체계가 되면서 아주 효과적이었다.

마치 **정치적으로 올바른** 언어, 즉 (**문화적으로 미묘한**) 이른바 언어의 정확성 — 미국의 민주주의는 현재 이 언어의 정확성으로 피해를 입고 있다 — 이 "혼란을 초래하긴 하지만 모든 사람을 몇몇 사람으로 줄이는 것에 저항하기를 바라는 이 정체된 체제 속에서" (에머슨) 집단 폭행의 흔적을 남기는 것처럼, 고대의 밀고하는 웅변술은 고대 그리스의 도시국가에 가해지는 음모나 범죄를 목표로 삼지 않고 **끊임없는 통계조사**의 형식을 취하면서 강박적 감시에 힘입어 그것들을 간파하고 사전에 차단하는 것을 목표로 삼았다.

집단이나 인물을 도편추방에 처하는 것은 기피 인물을 '쫓아내는 것'이다. 그런데 이 기피 인물은 야심 · 특별한 재능이나 받는 도움

7) (*) 위험인물을 투표로 국외에 추방한 일. 조개껍질 · 도기 파편에 이름을 썼음.

들 때문에 지나친 부담을 지니게 되어 민주주의의 기구장치를 고장 낼 위험이 있다. 몸무게가 지나치게 많이 나가고 배를 난파시키겠다고 위협했기 때문에 황금 양털을 구하러 간 그리스 영웅들의 범선에서 추방당한 헤라클레스처럼 말이다.

1890년 미국에서 펀치 카드에 의한 조사결과의 분석은 이미 통계에 대한 매우 빠르고 유연한 평가를 받았다. 프랑스에서는 100년이 지난 후 1992년 가을 선거 때, **텔레비전에 의한 조사**의 역할은 그 어느 때보다도 인상적이었다. 법과는 반대로, 사람들은 **정보를 일반화시킨다**는 구실로 정보의 폭로를 마지막 순간까지 연장시키는 것을 고려했다. 르네 레몽 같은 어떤 사람들은 심지어 **1차 투표**에 대해 말하듯이 선거 여론조사에 대해 말했다.

미래의 **텔레비전 민주주의**를 달리 스케치해 보면, 어떤 선거구들에서는 전자적으로 투표의 수를 계산하여 결과의 발표를 가속하기 위해 처음으로 반도체 칩 카드를 테스트해 보았다는 것이다.

새로운 제도가 출현할 때마다, 그것은 알 수 없는 것으로 남는다. 마치 아들이 아버지의 어떤 특성을 지니듯이, 그것은 이전의 제도의 어떤 특성을 지니기 때문이다. 따라서 우리는 그것을 깨닫지 못한 채 통계에 의한 단순한 관리에서 현실세계의 가상적 극화(théâtralisation)나 **재현**의 새로운 현상으로 옮아갔다.

비밀과 **속도**의 융합/혼동을 획득하기 위해서는 정보와 정보과학의 융합/혼동을 예측하는 것이 필요했다. 맨 먼저 제2차 세계대전 때 조작적이 되어 버린 최초의 군사 해독기 — 우리의 컴퓨터와 소프트웨어의 효시일 뿐만 아니라 강박적 감시와 고대 민주주의의 선견지명의 계승자… — 에 의해 가능해졌다. 그 다음에는 실시간으로 이루어지는 메시지와 영상의 전달과 전사와 함께, 사람들은 대중의 불안정한 모든 행동에 일시적으로 대처하여 경제적·군사적·산업적·정치적 분야에서 고전적인 통계방식의 성공률보다 나은 **성공률**(정확한 예측력)을 획득하고 싶어 할 것이다.

설사 도시국가의 운명이 다른 운명들이 처해 있는 곳에 존재하는 책무에 달려 있었다 할지라도, 텔레비전에 의한 조사는 다양한 고독의 희생자들에게는 고대의 집결, 시민들의 투표장으로의 이동, 최종결정의 막연한 모사에 지나지 않는다.

우리가 앞서 보았듯이, 신속한 예측과 현실 정치의 느린 행동 사이의 간격은 끊임없이 줄어든다. 이미 어떤 사람들은 현실 정치의 느린 행동과 텔레비전 화면에서 그 결과를 너무 이르게 알리는 것을 혼동하기에 이르렀다. **가상 전쟁 게임**과 다른 반사적 게임 이후, 어째서 **이항적인 정치 시뮬레이터**, 즉각적으로 행사할 수 있을 자택 전자 투표, **텔레비전 모델**이 될 수 있을 '무질서한 구조들', 소수의 정보 제공 전문가들만이 '정치적으로 올바른' 그 프로그램들을 보유할 수 있을 **민주주의적 소프트웨어**를 합법화하지 못하는가? 오래 전에 이 새로운 상호작용의 원리가 연구되었는데, 1970년대 초에 미국 대통령 리처드 닉슨은 이 원리의 열렬한 지지자였다.

민주주의는 어떤 무질서와 함께 자기 소멸의 전제와, 전제정치로

돌아가는 가능성을 지닌다고 테니슨은 주장했다. 마찬가지로 재현 기술의 무질서한 공유는 여론의 영역이었던 가시적 세계의 내파를 초래하면서 우리를 정치적 **미디어 전파**의 최종단계로 냉혹하게 재촉한다. 빛의 속도의 최근 혼합(비밀)과 숫자・메시지・영상의 지나친 설득력(정보)을 보유하는, 점점 더 적은 수로 구성된 집단의 특권이 다시 되면서 말이다.

축소효과

> "산다는 것은 자기 자신의 차원을
> 과대평가하는 것이다."
>
> 시오랑

가속화가 실현되면서 이제는 여기도 저기도 없다. 오직 가까운 곳과 먼 곳・현재와 미래・현실과 비현실의 혼동, 역사・이야기와 의사소통 기술의 대단한 유토피아의 동시녹음, 온갖 판단으로 순화된 진보 이데올로기의 미사여구로 가장된 채 오랫동안 행해질 정보에 의한 침해만이 있다. 사실 메를로-퐁티는 자기 인생의 말년에 이 진보 이데올로기에 대해 다음과 같이 자문했다. "같은 말・관념・자유・지식이 그것들을 공통분모로 단순화하는 유일한 증거 부족으로 같은 의미를 여기저기서 지니지 못하기 때문에, 우리는 어떻게 철학들을 통해 유일한 철학이 성장하는 것을 볼 수 있을 것인가?" 영화가 추구하는 착시에 힘입어 동시에 같은 공간을 차지할 수 없기 때문에, 19세기의 사람들은 전달과 의사소통의 수단들의 지나친 속도를 기대하면서 **같은 시간**을 공유하기를 바랄 수 있었다. "문화의 발전은 군대 행진과 닮았다(…). 나는 1913년에 살아 있을 지도 모른다. 하지만 내 이웃들 중의 한 사람은 1900년에 살아 있었고, 다른 사람은 1880년에 살아 있었다(…). 티롤의 높은 계곡의 농부는 12세기에 살았다… 낙오자도 농작물을 훔치는 사람도 없는 미국 같은 나라들은 행복할 것이다!"[1)]

비글이 세계 일주를 하는 동안 심사숙고하여 구상한 진화론적 이론에서처럼 아돌프 루스의 관점에서 보면, 여기서 저기까지의 시간적 거리가 엄청날수록, 더욱더 원주민은 진보 운동에 의해 불필요하게 된 역사 이전의 먼 옛날 속에 사는 것처럼 보인다.

이러한 공간-시간적인 원근법이 의사소통 기술의 가속 효과에 의해 소멸된다면, 지구의 모든 사람들은 스스로 **시민**보다는 **현대인**이라고 생각하고 **시민**을 수용하는 옛 민족-국가 (혹은 도시-국가)의 정해진 인접공간에서 세계-국가의 빈지역직 공동체로 옮아가는 어떤 기회를 가질 것이다.

새로운 유형의 정보 쿠데타를 일찍 알리는 최초의 가제트(gazette — 이탈리아어로는 **gazetta**)들은 프랑스에서는 **흐름**(courant)이라고 불린다. 라틴어 **currere**에서 유래된 이 복합적인 말은 동시에 공간 속에서 여기서 저기까지의 신속한 이동을 나타낼 뿐만 아니라

1) 1908년 빈에서 개최된 아돌프 루스의 강연 "장식과 범죄" — "완전한 기능주의의 선언".

시간 속에서 흐르는 것과 쓰이고 읽혀지는 순간에 완성되지 않는 것을 나타낸다. 사실 정기 간행물이 되기 전에 그 흐름은 사적인 일기, 중요한 모임이나 머나먼 여행에 관한 비평, 항해 일지였다…

마찬가지로 가제트들은 또한 단순한 편지, 소문·험담과 뉴스와 함께 제한된 독자들을 위한 사적 기사, 17세기에 꽃피운 고전주의 문학의 규칙과 기술과 단절하는 글 쓰는 기술(art d'écrire)이었다. 마담 드 세비네는 자신의 편지들을 가제트(gazette)라고 불렀는데, 이는 마르셀 프루스트의 성찰을 다음과 같이 정당화한다. "그녀(후작부인)는 인과관계를 나타내는 논리적인 질서 속에서 사태를 표현하지 않는다…"

루이 15세 치하에서, 코르들리에 수도원의 회랑들은 **말하고 듣는** 신문기자들에게 피난처를 제공했다. 사실 프랑스에서 언론은 이러한 공공장소에서 탄생했다. 그리하여 1830년의 하바스 통신사, 런던의 로이터 통신사, 베를린의 볼프 통신사나 뉴욕의 연합 통신사처럼 미래의 국제 통신사의 간접적인 선구자가 될 수 있을 **펠로통(peloton)**이라고 불리는 **정보 교환 거래소**가 손으로 쓴 정보나 구두에 의한 정보를 제공하는 사람들과 수요자들 사이에서 생겨났다.

세속적이고 정치적인 신문기자들은 살롱, 문학·철학 서클, 프로코프(Procope) 같은 정치 카페, 산책길, 튈르리 공원, 푀양 수도원, 범세계주의·매음·유희·첩보의 일반 구역인 팔레-르와얄의 상업지대를 자주 드나들었다.

1789년 6월 아서 영은 매일 파리에서 출판되는 불법 소책자들과,

열정적인 웅변가들을 둘러싼 채 바로 팔레-르와얄에 퍼져 있는 열광을 보고 깜짝 놀랐다고 말했다. 얼마 후 인간과 시민의 권리선언문의 11조는 영에 따르면 특히 불온한 사상과 비방과 왜곡된 뉴스의 선전에 소용되는 언론에 완전한 자유를 부여했다.

대번에, 이런 유형의 300가지의 출판물들이 대부분 파리에서 간행되었으며, 사람들은 처음으로 **정보수단**의 일상적 선동에 따랐다.

따라서 공공 신문들은 "프랑스 혁명가들이 초래하는 극적 풍부함에 의해 에피소드들이 그들의 자유로 장식된 많은 다른 극적 모험들…"[2] 가운데 자리 잡을 것이다. **단 한 사람보다 군중을 속이는 것이 더 쉽다**. 읽을 줄 알 필요가 없는 가두 신문팔이와 행상인들은 수도의 거리를 메우면서 깜짝 놀랄 뉴스와 신문의 제1면을 큰소리로 외쳐 대는데, 그들은 사람들을 선동하고 사건을 앞서가고 공포·학살·폭동을 유발한다… 편향적인 언론은 로베스피에르와 그의 동조자들의 체포와 처형을 3일 앞당겨 미리 예상할 것이다. 왜냐하면 청렴가인 로베스피에르는 고대 도시국가의 과거처럼 **역사가 현재로 가득 찬 과거**라고 생각했던 반면, 새로운 매체가 지닌 해방의 힘에 이끌리는 역사는 이미 미래에 속한다고 생각했기 때문이다.

나중에 빅토르 위고는 『행동과 말』(1875) 속에서 다음과 같이 적어 놓을 것이다. "모든 역사는 과거의 역사이다. 혁명의 역사는 미

---

2) 보나파르트와 그의 지지자들이 보여준 무월 18일의 "연출"에 관한 말레 뒤 팡(Mallet du Pan)의 1799년 11월 25일의 편지.

래의 역사이다. 혁명은 앞서 쟁취되었다… 혁명이 우리에게 가져온 것 속에는 획득한 땅보다 풍요의 땅이 더 많다. 미리 행해진 이러한 정복들 중의 하나가 인간의 영역에 들어감에 따라 혁명의 새로운 면이 드러날 것이다…" 앞서 쟁취되는 이러한 혁명, 사람들이 추구하긴 하지만 여전히 멀어지는 이 총체성, 이 **풍요의 땅**은 재현의 역사와 역사의 재현 속에서 공간과 시간의 새로운 지각을 동시에 시도하는 기술 혁명을 참조하지 않는 한 모두 다 의미 없는 표현들이 될 것이다.

군주제의 세기 이후, 제1 공화정은 3**일간에 걸쳐** 정보사건—1792년 9월 20일 발미(Valmy) 승리와 프러시아 침략 저지의 발표—에서 탄생했다. 21일에 국민의회는 왕정이 폐지되었다고 선언했으며, 22일에는 모든 공공 행위가 프랑스 공화력 원년부터 시작되는 것으로 결정했다.

역사가 진행되는 중에 이전의 역사들과는 반대로, 이 공화정은 폭동이나 반란에서 탄생하지 않고 완전하기를 바라는 정보매체 전파의 즉각적인 실행과, 의존적이 될 수 있을 합법적인 국가에 맞선 사실상의 기술 국가의 건설에서 탄생한다. 새로운 체제가 선포되기 몇 달 전에, 물리학자 클로드 샤프는 입법 의회에 가시(可視)방식 신호통신에 관한 자신의 초안을 제출했다. 입법부가 의제를 끝까지 밀고 나가 **오로지 개회기간 동안** 그 해결책을 얻어내듯이, 이 초안은 통신을 확립하는 확실한 방법이었다.

다른 중요한 사실은 샤프가 거기서 새로운 통신의 확산을 막는 방법을 본다는 것이다. 그런데 이 새로운 통신의 수공업적 훈련장은 영이 그것을 주목하듯이 파리 시를 전혀 벗어나지 못한다. 샤프는 라카날에게 다음과 같은 글을 쓴다. "**프랑스가 너무 넓어서** 공화국을 형성할 수 없다고 생각하는 광고업자들에게는, 통신시설은 최상의 해결책이다. 통신은 거리를 줄이고 어떻게 보면 엄청난 사람들을 **단 한 지점으로** 모은다."

그것은 고대 그리스 광장의 지리적 지점이 아니라 이미 **같은 시간 혹은 거의 같은 시간일 것**이다… 프랑스의 영토를 '거대한 캠프'로 변형시키기를 바라는 바레르는 1794년 8월 17일 케노이의 정복 뉴스를 통신으로 알린다. "이러한 발명을 통해 **장소들 간의 거리는 사라진다**고 그는 의회에서 말했다…"

사실 가까운 곳과 먼 곳의 충돌은 17세기 이후로 현저한 발전을 이룩했다. 예를 들어 국립천문대의 건설과 핼리가 발명한 천문단위에 힘입은 천체관측, 다음 세기에는 고도 11,000미터를 넘어설 1783년의 열기구 비행…

대부분의 경항공기 조종사들의 야망은 따라서 **비행하는 것**이라기보다는 **높은 곳에서 보는 것**이었다. 마치 자신의 길을 천체에 맞추는 것에 만족하지 않고 천체들 사이로 여행하고 나아가 지구에서 본 달보다 훨씬 더 작은 지구를 보기 위해 '달 위로 올라가'기 시작한 뤼시엥의 비행관측처럼 말이다.[3)]

---

3) 1783년 11월 21일 필라트르 드 로지에에 의한 열기구의 '해방'과, 『구름 위로의 비행관측 혹은 여행』

마찬가지로 열기구와 같은 시대를 산 아우구스트 빌헬름 슐레겔[4]은 자신의 책 『묘사』에서 엘베 강의 골짜기를 바라보면서 기술에 몰두한 세 젊은이들의 말을 떠올린다. "모든 풍경화는 일종의 세밀화이다. 캠퍼스에 광활한 지평선, 높은 산, 끝없는 대양을 재현하려면 그것들을 압축해야 한다고 조각가 월러는 친구 라인홀드에게 말했다." 그러자 라인홀드는 "**그것은 저절로 압축된다**!"고 응수했다.

그리고 그는 월러에게 어떻게 착수해야 하는지를 가르쳐 준다. 즉 무엇보다도 사방에서 우리의 시각을 벗어나고 **우리에게 우리의 편협함을 평가하게 하는** 광대한 풍경의 규모로부터 스스로 초연해지는 것이 바람직하다는 것이다. "당신은 좁은 창문을 통해서, 하물며 움푹한 손바닥들 사이로 멀리서 바라보기만 하면 된다. 그러면 당신은 당신의 시선이 얼마나 많은 대상들을 파악하는지 알 수 있을 것이다.(…) **시선은 사물들의 상호관계 속에서만 사물들의 표면상의 크기를 알 수 있을 뿐이다**."

그러고 나서 그는 18세기에 매우 유행했던 재현 방식인 '조감도'나 공기 원근법[5]을 열렬히 환기시킨다. "그것은 작은 공간에서 크기를 충분히 재현할 수 있는 힘을 전적으로 지닌다. 사람들은 거대한 것에 빠져드는 그것을 상상할 수 있다!" 지도 제작—이 지도 제작에 사용되는 축척은 착시가 될 수 있을 것이다—의 한계에 도달한 그림은 **터무니없는 세밀화**가 될 지도 모른다.

---

4) (*) 독일의 시인 · 비평가 · 번역가.
5) (*) 색채나 음영의 변화를 이용한 원근법.

우리가 시선이 바로 볼 수 없는 차원들을 계속 생각하기 때문에 그리고 공간과 시간이 우리에게 직관에 불과하기 때문에, 지각과 의사소통의 수단들은 세계의 규모를 끊임없는 **축소 효과**로 압축하려는 이 **가상의 패러독스**(paradoxe des apparences)를 실현할 수 있을 것이다.

"산다는 것은 자기 자신의 차원을 과대평가하는 것이다"라고 시오랑은 말했다. 라인홀드와 그의 친구들의 발아래에 까마득히 펼쳐지는 자유로운 풍경처럼, 우리로 하여금 끊임없이 우리의 차원을 조롱하게 하는 역사의 과거는 압축될 수 있다. 마찬가지로 위고의 서두름, 즉 엄청난 혁명에 의한 '앞선 쟁취'는 오로지 의회의 개회기간 동안 몇 시간, 아니 몇 분 이내에 프랑스 영토 전체에서 행해질 것이다. **줄어드는 전체**의 헛된 기술적 지배를 통해, 역사의 가속화는 관찰할 수 있게 될 것이다. 사람들이 잊어버리든 사형을 집행하든, 그의 반대자들에 관해 말하자면, 그들은 로베스피에르와 그의 지지자들에게 '어떤 보잘 것 없는 인물들'처럼 보일 것이다. 마치 그들이 그들을 가까스로 식별하면서 이미 아주 멀리서 그들을 본 것처럼 말이다. 사람들은 또한 합리주의의 이름으로 역사의 과거를 백지화하고 특히 시간의 통일성이 천 년이었던 성서의 연대기에 따라 확립된 **종교의 오랜 기간**을 폐지하려는 공화력 원년의 즉각적인 유용성을 파악한다.[6] 그리하여 프랑스 혁명가들은 유태·

---

6) 17세기에 아담 이전에도 인류가 있었다고 주장하는 자유사상가들에 의해 이미 재검토된 연대기 : 프랭크 부르디에, '인류의 조상이 아닌 유태교도들의 조상인 아담…' 『프랑스의 선사시대』, 플라마리옹, 1967, 지질학적 현상들의 속

그리스도교의 어떤 행위를 비난하기도 했지만, 그것을 넘어서 과학적 실험을 모델로 삼으면서 역사의 가속화를 인생의 짧음과 동일시하려고 시도했다. 사실 그 당시 과학적 실험은 거의 중요하지 않은 지각과 실증의 방법들에 의존하는 관찰, 몇 십 년간만 허용되고 성급한 결론을 내려야 하는 관찰이 되었다. 공식적인 학문처럼 사이비 과학과 역사 철학은 이제 실증주의의 단기적 확실성이 지닌 곤경 속에서 과감하게 나아갈 수 있을 것이다. 1794년 8월 자신의 보고서에서, 라카날은 가시방식 신호통신이 사유의 빠른 메신저이며 **어느 쪽이 더 속도가 있는 지 사유와 겨룬다**고 선언했다. 위협받는 새로운 언론은 무엇보다도 먼저 군대 · 정치가 · 국가 경찰의 관심을 끄는 정보 복합체에 의한 도전에 응할 것이다. 그것은 상상력이 수공업적 전달방식의 상대적 느림에 일시적으로 대처할 수 있고 끊임없이 사건을 예상할 수 있는 사유의 **과잉속도**임을 증명할 것이다. "언론은 지금이 아니라 먼저이다!"라고 가스통 르루는 주장했으며, 1915년 칼 크라우스는 이렇게 질문할 것이다. "어떻게 세계는 지배되고 전쟁을 초래하는가? 외교관들은 저널리스트들에게 거짓말하고 자신들이 그들의 생각을 알아낼 때 그들을 믿는다." **기술된 것은 실제적인 것보다 우위에 있**지만, 실제적인 힘에 도달하기 전에 언론은 **정보의 암시장**을 실현시켜야 할 것이다. 이 정보의 암시장에서 **사실주의는 환상이다** 라고 모파상은 말할 것이다.

19세기에는 산업활동의 통합과정이 목격되는데, 이러한 과정 위

도에 대하여, p. 77-78.

에서 언론은 신중하게 통제한다. 즉 전신과 가시방식 신호통신은 국가의 독점에서 부분적으로 벗어나고 상업·해상·철도교통을 배가시킨 다음에 공통의 영역 속으로 들어간다.—전신은 1850년 런던의 중앙 우체국과 1856년 프랑스에서 설치될 것이다. 동시에 가두판매점과 서점들이 역의 플랫폼에 출현한다. 이때 그들의 합병은 항상 매우 바쁜 도시 대중의 사용목적을 위해 이루어진다. 예를 들어 정보의 전달, 여행객과 상품의 운송, 원거리 통신의 결합을 보충하고 나아가 **가상현실**이 될 어떤 가능성이 있는 것의 시나리오·신문 연재 소설·**문학시평**의 혁신을 구상해 낼 책임을 진 최근의 관련 부서와의 합병이 그러하다. 신문 연재 소설은 프랑스에서는 1800년대부터 「르 주르날 데 데바」(Le Journal des débats)지에 등장한다. 소설적이지도 정치적이지도 않은, 그것은 이미 잡보기사, 광고, 예술·연극 비평, 조리법, 여행이야기를 싣는 일상생활의 하부구조이었다… 지라르뎅이 전통적으로 적대적인 태도를 드러내는 프랑스 문인들과 대중언론을 화해시키려고 할 때, 프랑스 문인들은 영감을 빨리 떠올리기 위해 그리고 탐정소설이나 '긴 흐름의 문학'을 잊지 않은 채 사실주의와 자연주의 같은 새로운 유파를 창조하기 위해 사회적 양성소에서 '신문 연재 소설'을 끌어내기만 하면 될 것이다.[7]

영국에서 저널리스트로 활동한 바 있는, 스탕달은 소설은 큰 길을 따라 비추는 거울과 같다고 평가했다. 디킨즈는 자신의 문학 작

7) 피에르 아술린느, 『알베르 롱드르. 신문 편집위원의 삶과 죽음』, 발랑, 1989.

품에 가속에 사로잡힌 한 언론의 기준을 직접 적용했다. 「모닝 크로니클」(Morning Chronicle)지에 의해 지방에 파견된 젊은 저널리스트였던, 그는 선거운동에 관한 현장보도를 매일 하기로 되어 있었다. 밤에는, 그는 자신의 원고를 베껴 써서 역마차로 빨리 보냈다. 인쇄소에 예정되어 있는 원고의 이어지는 부분들은 적절하게 정해진 구간에 따라 배정된 말을 탄 속달 파발꾼에 맡겨져 있었다. 일생 내내, 그는 이 같은 리듬을 따를 것이다. 에피소드가 담겨 있는 자신의 소설의 출판으로 인해, 그는 매달 배급업자들보다 거의 2주일 앞당겨 자신의 소설을 넘겨받을 수밖에 없기 때문이다.[8)]

그는 어느 날 한 여성 독자가 『데이비드 코퍼필드』(1849)의 월간 배달을 주문하는 것을 보았다고 이야기한다. 직원이 그녀에게 낱권을 내놓았을 때, 그녀는 그것을 일별하고선 이렇게 말했다. "저런, 난 그걸 이미 읽었어요. 내게는 다음 호가 필요해요." 디킨즈는 다음과 같이 말을 맺었다. "그 말을 들으면서, 그리고 그녀가 주문했던 호(號)의 첫 말도 아직 쓰이지 않았던 것을 알고선, 내 생애 유일하게 처음으로, 나는 당황했다."

정보의 가속화는 정보의 규제 완화를 초래했다. 상상계는 사건의 실재를 대체했으며, 저널리스트와 광고업자들은 예상되는 위험한 게임에 전념했다. 1927년 프랑스 언론은 넹게세와 콜리가 「백조」호를 타고 북대서양의 동쪽에서 서쪽으로의 횡단 성공에 기대를 걸었

---

8) 진짜 **가상적 소설가**인 디킨즈는 처음에는 (법정이나 의회의) **속기 타이피스트**였다가 「올 디 이어 라운드 All the Year Round」(30만 부) 같은 주간지의 사장이 되었다. 그는 '길의 소설가'라는 별명을 지녔다.

다. 만장일치로, 프랑스 언론은 두 비행사의 성공적인 뉴욕 도착, 최초의 북대서양 횡단자와 열광적인 군중의 환희, 이 기회에 행해진 발언들을 아주 상세하게 보도할 것이다… 성공의 알림으로 인해 주요 일간신문들의 발행 부수가 급증하는 바로 그 순간에, 그 날의 영웅들은 자신들이 결코 도달하지 못할 아메리카 해안의 먼 바다에서 이미 완전히 사라져 버렸다. 그러나 신문 편집자들과 기자들은 그들에게 허위 정보를 전하면서 그들에게 과오를 범하게 했던 정부와 관계부처를 비난하면서 이 난국에서 벗어날 줄 알았다. 놀라운 것은 대중이 공화국의 장관들을 원망하면서도 언론에게는 관대했다는 점이다. 사실 오래 전에 신문 정기 구독자들은 증권거래의 뉴스, 점성술 기사, 경기장의 큰 사건들(랠리 경기, 승마 · 도보 · 항공 · 항해 · 사이클 경기와 기록)은 차치하고라도 원격 정보의 환상, 신문 연재소설의 가상성과 주요 일간신문들이 조직한 복권 · 추첨 · 경기 따위의 운수를 건 승부의 흥분을 결합시켜 놓았다. 매우 기념비적인 방식으로, 국제 언론은 평화로운 시대에 흥취를 돋구려고 머나먼 위험한 탐험을 조직할 것이다. 그리하여 모든 것에 흥미를 잃은 구독자들은 북극 정복(1909)이나 에베레스트산 등정 같은 신화적인 모험의 성공, 그리고 아프리카에서 리빙스톤(1871)을 다시 찾기 위해 「뉴욕 헤럴드」지가 고용한 탐험가 존 로랜드 스탠리의 행운에 한 푼이나 몇 펜스(신문가격)를 걸 수 있을 것이다.

유명한 모든 소설가들이나 작가들은 어느 때나 다른 때에 시평담당자, 비평가나 종군기자가 될 것이다.[9] 그리하여 언론은 책의 산업에 거의 절대적인 통제를 행사할 것이다. 신문 기사의 요약 소개가 결국은 책을 죽이게 될 것이라고 주장한 루이 베이오는 다음과 같은 글을 썼다. 언론은 "어떤 왕이나 사법관도, 어떤 문예·학술옹호자와 검열관도 그때까지 감히 열망하지 못했던 영향력을 예술·문학·사상에" 미치게 될 것이다. 책을 죽이는 것은 속임수를 쓴 문학상이나 신문기사의 요약 소개만은 아닐 것이다. 전달과 운송의 기술이 가속화됨으로써 야기된 축소 효과와 더불어, '긴 흐름의 문학'은 지리적 거리와 동시에 약화되었다.

저널리스트들에게 위고는 '본 것들'에 대해 이야기했으며, 상드라르는 몇 십 년 후 '언어로 표현된 사진들'을 생각한다. 그리고 1928년 「아날」지에서 마크 오를랑은 "25년 후 모든 리포터 작가들은 카메라를 다룰 줄 알 것"이라고 예언했다. 만년필로서의 카메라를 다루는 데는 문인들이 필요 없다. 리포터 소설가들은 빨리 사라질 것이고, 저널리스트들은 문학을 향해 나아갈 것이다… 「르 프티 파리지엥」지의 문학 비평가이자 알베르 롱드르의 친구인 앙리 베로는 1922년 콩쿠르상을 수상했다. **출판사의 저널리즘**을 확립한,

---

9) 앵글로 색슨 민족과는 반대로, 18세기의 프랑스 문인들은 있는 그대로의 언론에 적대적이었으며 신문기자들에게 깊은 경멸을 표시했다. 설사 볼테르 같은 위대한 작가가 자기 방식대로 미디어를 통해 일종의 명사가 되었다 할지라도, 그는 **진정한 사상 논쟁은 보다 덜 일시적인 배경을 차용해야 한다**고 생각했다. 19세기에는 에밀 드 지라르뎅이 작가들과 주요 언론, 즉 샤토브리앙, 플랑쉬, 콩스탕, 위고, 뒤마, 상드, 모파상, 졸라와 화해할 것이다. 그리고 1920년경에는 지드의 머나먼 여행이야기, 시메농, 마크 오를랑, 도르즐레스와 화해할 것이다. 그러나 1883년 아세트는 **모파상의 작품들이 여행자들을 위험에 빠뜨린다**는 핑계로 역에서 그것들을 판매하는 것을 금지했다.

그는 알뱅 미셸 출판사에서 '위대한 르포르타주' 총서를 창안했다.

이 책에 대한 최초의 자성(自省)은 중요한 두 사건에 의해 자극받았다. 1920년대 동안 뉴스영화의 보급은 영화관의 통상적인 프로그램 요소들 중의 하나가 되었다. 그러나 뉴스를 상영하는 영화관은 영화의 편집과 소개에 필요한 긴 지연 때문에 그 기능이 마비되었다. 뉴스 영화로 인한 이러한 **속도 상실**은 **뉴스로서는 가장 빠른** 신문을 여전히 유리하게 만들었다. 맨 먼저 군사적 목적을 위해 만들어진 TSF(무선전신)이 대중매체가 될 때까지 말이다. 1924년 에펠 탑 꼭대기에 세워진 안테나는 '비무장화' 되었으며, 저널리스트 모리스 프리바가 에펠탑의 북쪽 다리 밑에 작은 라디오 방송 스튜디오를 설치했다. 최초의 라디오 뉴스는 1925년 11월 3일에 보도되었다. 이 방송은 매일 18시에 시작되어 21시에 음악 프로그램으로 뒤이을 것이다. 그것은 또한 광고의 시작이자 TV주문 판매를 위한 상품 소개의 최초의 형태일 것이다.

5년 앞서 똑같은 날에 미국에서는 웨스팅 하우스가 공식적으로 허가받은 최초의 상업 방송국 KDKA를 설립했다. 최초의 방송 프로그램은 정치적이었으며 하딩/콕스의 대통령 선거의 결과에 영향을 미쳤다. 사실 이 작은 방송국은 피츠버그의 「포스트」지에 힘입어 열심히 선거 결과를 보도했지만 부정확한 것으로 밝혀졌다. 라디오 방송국은 오랫동안 주요 신문의 투자 자본과 국제 통신사의 강력한 하부구조에 의존할 것이다. 그러나 1924년부터 라디오 방송 광고는 국가적 차원에서 출현할 것이며, 1925년에는 대륙의 한 연안에서 다른 연안으로의 무선 전신은 조작적이 될 것이다.

매우 빨리, 라디오 방송국들은 자신의 정책을 선택했다. 방송을 통해 가르치거나 단지 알리는 것이 아니라 대다수를 기분전환 시키고 즐겁게 하고 매혹하는 것이 중요했다. 그렇게 하기 위해, 라디오 방송국들은 성공의 특수한 수단이나, 작품과 특히 소설의 영화 극적 효과를 다시 새롭게 할 수 있는 보편적인 음악적 언어를 마음대로 사용했다… 유성 영화의 시작과 영화 「재즈 가수」의 승리와 함께 새로운 시대에 미국 산업영화의 출현을 나타내었던 화제에 많이 오른 1927년 10월 23일까지 말이다. 이 영화는 재즈맨이 되기 위해 흑인으로 분장한 유태교 성가 대장의 아들인 한 백인의 모험을 다루었다… 모호한 시나리오, 대체된 역할과 민족과 문화, 거의 완전하게 부재하는 대화들은 이미 미국의 강한 **음악적 병참술**을 예고했다. 음악의 이러한 거의 군대식 조작과 코드화된 리듬들은 거리·음향·울림의 개념에 연결된 시대에 뒤진 음악의 음계 형태들 쪽으로 나아갔다.

1930년대의 대불황이 다가오자, 언론의 광고 수익은 갑자기 줄어들기 시작한 반면, 무선 전신의 수익은 계속 증가했다. 그 당시 주요 신문들은 라디오 방송국에서 전쟁을 선포했는데, 언론사들은 이제부터 정보를 지속적으로 수집하는 방송국에 정보를 팔지 않기로 결정했다. 이는 통신 기술의 해방력을 잘못 이해하는 것이었다. 사실 숱한 실패를 겪은 후, 라디오 뉴스는 유럽을 뒤흔든 비극적 사건 덕분에 자신의 우위를 지체없이 증명할 수 있었다. 1938년 3월12일,

역사상 최초의 다원 동시 방송이 라디오에 나왔다. CBS 방송이 로마 · 베를린 · 파리에 파견한 통신원들은 뮌헨 위기의 20일 동안 그들의 느낌을 즉각적으로 전할 수 있었는데, 집중적인 정보는 결국 신문으로부터 벗어났다.

오래된 격언에 따르면, **정보는 24시간이 지나면 아무런 가치도 없는 유일한 상품과 거의 같다**. 따라서 이 격언은 숙고할 만한 가치가 있다. 언론의 행운으로 가득한 19세기와 20세기 초에는, 우리가 앞서 보았듯이 글자 그대로 낡은 정보가 되기 전에 결국 정보를 팔기 위해서는 '정보를 획득하는 것' 보다는 정보를 앞서가는 것이 중요했다. 신문 정기구독자들은 일상적인 소식보다는 즉각성과 동시에 도처에 존재함을 접하기 때문이다. 달리 말하면 그들은 보편적인 동시성과 미래의 세계적 도시의 변화에 참여하기 때문이다.

1896년 「르 마텡」지를 경영했던 서의 양심적이지 못한 뷔노 바릴라는 상업의 논리와, 미디어에 의한 운송과 전달의 속도 사이에 존재하는 완전한 일치에 관해 잘못 생각하지는 않았다. 그는 자신의 신문의 1면을 전신선의 이중적 효력으로 장식했으며 다음과 같은 명구를 썼다. "세계의 네 곳의 주요한 수도를 자신의 특수한 전신선으로 연결하는 프랑스의 유일한 신문의 입장에서 보면, 그것은 빨리 알 수 있는 근대적 음악이다." 기술을 존중하는 그는 그와 반대로 자신의 직원을 경멸적으로 다룰 것이다. 「르 마텡」지의 신문

기자들과 통신원들은 하찮은 직원들에 동화되어 무명으로 남을 것이다. 뷔노 바릴라가 그들에게 자신들의 기사에 서명하게 할 때, 그것은 그들의 성(姓)이 아닌 철도역의 이름일 것이다.

「라 프레스」지(1925)에서 스테판 로잔이 이야기한 또 다른 일화는 19세기부터 미디어의 해방력이 어떤 점에서 정보의 내용을 앞섰는지를 보여준다. "「타임」지의 베를린 통신원이 런던에 있는 자신의 편집장에게 매우 흥미로운 뉴스를 전하기 위해 열차에 올라타는 중요한 실수를 저질렀다.

당신은 베를린 발 「최근의 소식」지에서 오늘 저녁 그 뉴스를 전할 수 있을 겁니다!

— 아니, 불가능할 거예요.

— 어째서 불가능하다는 겁니까?

— 불가능하지요. 왜냐하면 아직 16시에 불과한데 마감 시간은 아니지만 당신이 여기에 있기 때문에 베를린 발도 아니기 때문이지요. 그때 유명한 드레인이 덧붙여 말했다. 곧장 베를린으로 가는 열차를 갈아타서 나에게 당신의 기사를 전보로 보내세요. 하지만 나는 런던 발 기사를 베를린 발 지급 통신문으로 간주할 수는 없을 겁니다!" 결국 기술적인 어려움이 표현되었다. 기사는 「최근의 소식」지에 실리지 않았지만, "런던에서 우리의 베를린 통신원"이 신문의 평판을 위태롭게 하지 않을 정도로 먼저 언급되었다… 거리가 먼 통신 송신 장소에 관한 의혹이 남게 되었고, 신문 정기구독자들은 싼 가격으로 신문을 사게 될 것이다!

1830년의 파리 사건에 관하여 샤를르 르드레는 이렇게 쓰고 있다. "언론은 한 체제를 파괴할 수 있으며 혁명 속에서 다른 체제를 즉석에서 만들어 낼 수 있다는 것을 증명해야 했다." 산업 미디어의 기술적 해방 이후로 산업 미디어가 체제를 즉석에서 만들어 내자마자 끊임없이 체제를 파괴하거나 배반했다는 사실을 역사는 증명하고 있다. 18세기에 절대 군주제를 파괴하려고 기를 쓴 산업 미디어는 총재 정부를 위해 공화정을, 그리고 제정을 위해 총재 정부를 배반할 것이다. 야당 언론의 상호활동에 힘입어, 산업 미디어는 제정에 맞서 왕정복고 편을 들고 군주제에 맞서 공화정 편을 들 것이다. 미국 · 프랑스 · 일본에서 자문 민주주의를 악착스럽게 몰아낼 때까지 말이다… 사람들은 헌법에 준하는 이 권력의 음모에서 경제적 차원의 많은 이유들을 발견할 수 있는데, 이러한 권력을 지닌 기업합동은 19세기 이래로 에밀 드 지라르뎅에서부터 루쇠르, 피에르 라발, 헤네시, 로베르 에르상에 이르기까지 자주 재정적 · 외교적 환경에 밀접하게 결부된 정치인들의 손에 달려 있었다… 미디어의 정치적 야망은 어제 오늘의 일이 아니다.

19세기의 주요 언론은 **독자**로서의 신문 정기구독자들이 **선거인이 되기**를 이미 바랐다. 앙리 드베르그 같은 어떤 사람들은 선거를 운수를 건 승부로 만들면서 그리고 일종의 **선거복권**을 창시하면서 정치계급을 제거할 것을 제안했다. 국회의원들이 중죄 재판 배심원들 같은 평범한 시민들 가운데서 제비로 뽑혀졌기 때문이며, 결과는 주식시장의 시세와 같은 이유로 일간지에 실렸기 때문이다.

거의 30년 동안 「르 프티 파리지엥」지(하루에 1백 50만부 발행)에 영향을 미쳤던 프랑스 외무성에 깊이 연루된 타락한 사람인 엘리 조셉 브와에 관하여, 루이즈 바이스는 "온갖 고발을 막아 줄 그의 신문이 지닌 엄청난 선거 잠재력"을 말할 수 있을 것이다. 아술린은 같은 시기에 한 저널리스트가 의회 연설의 개입에 할애했던 패러그라프나 기사로 인해 의회 연설이 달리 획득할 수 없는 일종의 **정당성**을 부여받았던 사실에 주목한다.

의회의 대기실로 간주되는 이 편집실에 관해 말하자면, 텔레비전이 하원의원들과 상원의원들의 운수를 차례로 제공하기 전에는 항상 현존하는 민주주의의 정당성이나 사실상의 횡령과는 달리 강력한 **정보 정당성**에 대한 관념이 끊임없이 떠오른다.

그리하여 페르시아만 전쟁이 한창일 때, 프랑스와즈 지루는 「르 누벨 옵세르바퇴르」지에 이렇게 기록했다. "수상은 (사담 후세인의 인질극에 대해) 감정을 이용하고 싶어하는 사람들을 공공연하게 경계했다. 하지만 그가 어떤 강제 수단도 지니지 않은 것은 다행한 일이다. 두 개의 악 사이에서 결코 검열을 선택해서는 안 된다. 판단을 증명할 수 있는 것은 방송 채널의 책임자들에게 달려 있다." 이와 같은 추론은 명백하다. 왜냐하면 그것은 그가 선정된 내각의 지도자들에게 거부하는 자유 재량권을 채널의 책임자들에게 부여하기 때문이다. 그것은 내각의 검열이 참을 수 없는 것이고, 채널의 책임자들이 행사한 검열이 완전히 정당하고 합법적이라는 것을 암시한다…

그러나 우리가 모든 것이 바뀌고 교환되고 열리고 무너지고 깊이 패이고 우뚝 솟아나다가 결국 24시간 후에 사라져 버리는 정보의 이 소용돌이로 그저 단순히 되돌아온다면, 그리고 이제부터는 즉시 정보가 24시간 내내 실시간으로 출현한다면… 따라서 물이 화재에 적인 것과 마찬가지로 지속은 자연스럽게 매체의 적인 것처럼 보인다. 만약 **보수적** 언론이 진실로 존재할 수 있다면, 그것은 정보의 관점에서 보면 순전히 정도에서 벗어난 것일지도 모른다!

속도가 모든 정보의 **비밀**과 **가치**를 보장하기 때문에, 매체의 힘을 해방하는 것은 정보의 지속, 영상과 그 도정의 지속뿐만 아니라 그것들과 함께 지속되는 모든 것도 무효화하는 것이다. 대중매체가 다른 제도들(민주주의 · 정의 · 과학 · 예술 · 종교 · 도덕 · 문화)를 통해 공격하는 것은 다른 제도들이 아니라 그 자체를 정당화하는 보존의 본능이다. 대중매체에게 아직 남아 있는 것은 모든 것이 사라짐과 죽음을 공격하는 물질적 · 정신적 준비이었던 문명들이다. 그리하여 소통하는 것은 살아남는 것이고 머무르는 것이다.

1915년 제1차 세계대전이 시작될 때, '오랫동안 얼굴을 드러내지 않던 저널리스트'인 칼 크라우스는 "어떤 감정생활과 일상적 대상의 끔찍스러운 혼합, 사람들이 불신 없이 받아들이는 나쁜 미사여구를 사용하는 언론"을 폭로했다.

"사람들은 좌절했다. 그리고 전쟁 중의 통신들 사이에서 **검열에**

맞서는 싸움, 의무에 맞서는 **싸움**, 차용에 맞서는 **캠페인**이 시작되었다. 그래도 저널리스트들, 상인들과 평화주의자들은 병사들처럼 말하는 동안 자신들의 삶을 누린다. 그들이 병사들처럼 말할 때 그들은 정말 말하는 것을 충실히 이행하는가! 하지만 병사들은 병사들처럼 말하는 저널리스트로서가 아닌 병사로서 달리 말해야 할 것이다. **이러한 구분은 의심의 여지없이 실현 불가능하다**"[10)]

내전이나 국제 전쟁과 군대 병참술에서 비롯된 현대의 정보 복합체는 교활하게 위협적인 특성을 지닌다. "총포용 화약과 인쇄용 잉크의 동시 발명 사이에는 어떤 내적 관계가 존재하는가?"라고 칼 크라우스는 물었다. 사람들은 이러한 관계가 기관총과 카메라, 질화섬유소와 얇은 막, 레이더와 비디오 기기 사이에도 존재한다고 난잡하게 부언할 수 있다… 게다가 그래픽 · 사진 · 영화 · 텔레비전에 의한 뉴스 **설명의 특수효과**와 **현실이 시작되는 곳과 끝나는 곳**을 더 이상 알지 못하는 적을 당황하게 만들기 위해 관측병들이 병기, 병력의 수송과 움직임을 보지 못하도록 숨기는 군대의 오래된 **위장술** 사이에도 이러한 내적 관계가 존재한다고 부언할 수 있다. 따라서 제1면에 뉴스의 사진을 체계적으로 사용할 줄 알았던 프랑스의 최초의 주요 일간지인 「렉셀시오르」(L'Excelsior)지가 1914년에 큰 돈을 벌었던 유명한 무기 밀매상인 바질 자하로프에게서 자금을 조달받았던 것은 결코 우연이 아니다… 이 같은 전쟁이 발발하는 동안, 싸우려는 노력이 약해지는 것을 본 독일은 프랑스

---

10) 크라우스, 1917.

언론기관들의 일부를 은밀히 매수하고 아바스 통신사를 가로채려고 시도했다! 할리우드와 UFA에 관해 말하자면, 그것들은 중공업과 운송 산업의 재정적 도움을 받았다. 제1차 세계대전이 발발한 직후에 오스트리아-헝가리 황제 칼 1세처럼 **신문들이 좋은 범죄를 좋아한다면, 좋은 전쟁을 훨씬 더 좋아할 것이다. 그리고 언론이 없었다면, 1914년의 대량 살육은 일어나지 않았을지도 모른다**고 생각해야 할까? 비스마르크는 신문들이 적어도 세 전쟁의 원인이라고 비난하면서 다음과 같이 덧붙여 말했다. "모든 나라는 결국 자기 언론이 부수는 창유리에 책임을 지게 된다" 사람들은 아직도 그것을 레바논 · 인도 · 러시아 · 유고슬라비아에서 확인하게 된다. 유네스코가 특히 지지하는 유럽 공동체 위원회가 1993년 선박 라디오 방송을 갖춤으로써 다양한 매체의 위험성에 일시적으로 대처하는 결정을 할 정도로, **드르와 드 파롤(Droit de parole) 방송**은 약 200킬로미터의 거리에 미치는 50킬로와트의 송신기를 마음대로 이용했다. 공해의 달마트 연안의 넓은 곳에 세워진 이 방송국은 가능한 객관적이고 다원적인 정보를 옛 연방의 주민들에게 제공하는 사명을 지닌 세르비아 · 크로아티아 · 슬로베니아 · 보스니아의 7명의 전문 방송기자팀을 갖추었다. **드르와 드 파롤 방송**은 뉴스 · 논쟁 · 음악 프로그램을 번갈아 하면서 24시간 내내 방송한다. 그리하여 방송을 촉진시키려는 사람들은 평화적 목적을 위해 '행동의 상호성', 즉 일정한 방향으로 나아가는 상호능력 뿐만 아니라 사건과 대중매체를 이용하면서 증오를 줄어들게 하고 다양한 매체의 호전적

선전에 맞서 이기기를 바란다.[11)]

순수한 군대가 아닌 정의로운 전쟁이 존재하는 것처럼 보이지만, 국제법은 전쟁의 범죄와, 사면을 허용하지 않는 인류에 대한 범죄를 구별한다. 정보 전문가들이 비판의 시대에 재판과 유죄판결에서 반드시 벗어나지 못할 지라도, 그들은 군인들과 마찬가지로 책임감의 결여, 프로이트적인 지나친 결백, 카메라・비디오 같은 소통수단과 항상 매우 신뢰할 만한 전달수단과의 순수한 관계를 주장한다.

그러나 유사성은 거기에 그치지 않는다. 그들의 모호한 정보 제공자들 외에도, 사람들은 군대와 지하신문(행 단위로 원고료를 받는 기고가)의 지위 속에서와 마찬가지로 대중매체의 지위 속에서 다양한 전문화된 집단, 전장에서 죽어가는 영웅들과 함께 하는 특공대원들—특파원・사진작가・영화인들—을 발견하는데, 그들은 자신이 때때로 자신의 피로 서명하는 기사와 사진들을 알리기 위해 현장에서 고통을 겪고 싸울 뿐만 아니라 위협하고 매수하기도 한다. 전략가와 원수와 함께 하는 편집위원회의 간부들, 그리고 퓰리처상・알베르-롱드르 상・셉토르 상의 공식 수여를 고려하지 않

11) 미디어 간섭의 권리가 생겨나는 데는 어려움이 있다. "이러한 형태의 조직체 속에서 평소와는 다른 열성으로, 국제 통신 연합(UIT)은 1993년 4월 말 라디오 방송이 몬테고브의 협약(해적 방송을 처벌하려는 1982년의 이 조항)을 어기는 것을 비난하는 벨그라드의 제소를 받아들인다고 선언했다." 이러한 상황 아래서, 드르와 드 파롤 방송은 조사받을 위험을 무릅쓰고 즉각적인 침묵으로 일관하여 비난받았다. 결국 결정은 연기되었고, 증오에 맞선 선박 라디오 방송은 여전히 이루어졌지만 얼마동안 이루어졌을까?

아도 말이다. 결국 선전, 즉 이러한 산업 광고는 점점 더 여론 캠페인의 극단에 이르기까지 다소 몰래 파고든다. 군대와 함께 매체들은 진화한다. 오늘날 매체들은 쇠퇴하는 공화국의 군대보다 군대의 어떤 혼란을 닮았다. 긴장하는 매체들의 영역이 만성적인 갈등을 초래하면서 세계의 여기저기서 돌발적으로 나타나는 사라진 군대들, 테러의 분파들, 고독한 살인자들처럼 모든 효과적인 통제로부터 점차 벗어나기 때문이다. 예전에는 **평화가 전쟁보다 오래 지속된다**고들 했다. 그것은 어떤 휴전도 평화도 이루어질 수 없는 새로운 정보 복합체의 설비 이전의 핵억지 시대 동안에는 거의 사실이었다. 실시간의 강한 지배력에 따르는 매체들은 **지속되는 모든 것**, 평화와 흔적과 더 이상 싸우지 않는다. 이제 그것들은 더 이상 시간도 지니지 않고 기한도 없다. 영토의 극단과 미디어에 의한 근접은 폭발적인 혼합을 이룬다. 1980년대 말 미하일 고르바초프가 자신이 해방시킨 매체들의 협력으로 제거되기 전에 정보공개정책을 시행했을 때, 혹은 이와 같은 매체들이 친안문 사태를 초래하거나 베를린 장벽의 붕괴와 공산주의 우상들의 대형 동상의 파괴를 의기양양하게 이루어냈을 때, 정치적·경제적인 측면에서의 옛 국가영토와 마침내 실현된 보편적인 속도의 동시성 사이의 완전한 모순이 드러남과 아울러, 우리가 목격한 것은 바로 정보 쿠데타의 고통이었다.

전신이 생겨나면서 거리와 영토는 실시간의 기술과 함께 사라졌는데, 이는 실제적인 현존의 종언이다. 사람들은 1990년 7월 올리비에 스티른이 겪은 실패를 기억한다. 이 불행한 관광 장관은 프랑스

좌파와 로카르 내각의 가장 뛰어난 구성원들을 규합하면서 진보에 관한 토론을 조직하는 책임을 떠맡게 되었다. 토론장을 가득 채우는 데 신경을 쓴 나머지, 장관은 약 100명의 '들러리들', 즉 ANPE에 등록된 실업자들을 동원하는 것이 좋겠다고 생각했다. 마치 우연인 것처럼 미디어들이 기회를 노렸는데, 텅 빈 토론장과 아무에게도 호소하지 않는 능란한 토론자들을 보고선 공개된 장소와 특히 일반 시민이 배제된 채 과거 그대로 일뿐인 의회민주주의와 속임수를 폭로했다. 올리비에 스티른은 장관직에서 물러나야만 했다.

반면에 레이건 대통령이 텅 빈 공항의 카메라들 앞에서 부재하는 군중에게 인사하기 위해 대통령 전용기의 트랩 꼭대기에서 멈추었을 때, 아무도 충격을 받지 않았다. 사람들은 레이건의 인사가 현장에서의 어떤 지지자들에게와 마찬가지로 텔레비전 앞에 앉아 있는 시청자들에게 호소할 수 있다고 생각할 권리가 있기 때문이다. 의회제도의 남용 행위를 대신하려는 텔레비전의 행위—'사회의 주요 사건들'에 관한 미니텔의 여론조사와 앙케트—다시 말해서 정말 실제의 시민들로 가득 찬 공공장소가 존재한다는 사실을 올리비에 스티른처럼 반드시 증명하고자 하는 텔레비전의 행위가 증가하는 한, 그것은 **미디어에 의한 침해행위**를 저지르는 것이다.

이렇게 **어떤 감정생활과 의심 없이 받아들여진 일상적 대상의 끔찍스러운 혼합**이 완성될 수 있다. 칼 크라우스의 견해를 부연하는 이 친절한 의사소통 수단들의 무질서한 증식으로 인해, 우리는 은밀한 사라짐과 다양한 부재의 이러한 연속에 교활하게 익숙해졌다.

그리고 사람들의 실제적인 현존과 사태들의 자연스러운 상관관계는 오늘날 우리로 하여금 가까운 것과 근접한 것을 부정하고 거부하게 하면서 우리에게 방해가 되고 심지어 받아들일 수 없는 것처럼 보인다.

최근 인문학 회장인 잔느 칼망은 약 120년에 걸쳐 인류를 가장 놀라게 했던 기술적 업적이 무엇인지를 질문 받았다. 그녀는 그것은 영화도 항공술도 아닌 전화라고 주저 없이 대답했다. 전화가 사람들에게 가장 놀라게 하는 발명품인 것처럼 보였다고 가정할 수 있다. 왜냐하면 전화는 가장 **초-자연적인** 것이었기 때문이다. 영화는 사진과 만화경의 오락과 닮았고, 탄생하는 항공술은 연이나 새의 비상의 관찰과 닮았다. 반면 바로 거기가 아니라 약 100킬로미터 떨어진 곳에 있는 살아 있는 누군가의 목소리를 듣는 것, 그리고 그 사람이 부재할 때 그에게 미리 알리고 그와 이야기할 수 있지만 자기 상대의 면전에서 보이지 않게 되면서 자기 자신을 상실할 수 있는 것은 저 100살의 사람이 그 시대에 겪을 수 있는 일상생활의 경험을 완전히 벗어나는 것이었다.

1966년 미셸 푸코는 이렇게 기술했다. "언어는 우리가 생각해야 하지만 아직도 생각할 수 없는 어떤 통일성 속에서 점점 더 반복되면서 갑자기 출현한다… 말과 사물은 분리될 것이다. 눈은 단지 보게 될 것이고, 귀는 단지 듣게 될 것이다(…) 이제 언어는 출발도 끝도 조짐도 없이 증가할 것이다. 나날이 문학 텍스트를 묘사하는 것은 공허하지만 근본적인 이 공간의 도정이다." 이 철학자가 자신의 『인문과학의 고고학』을 출판하는 시기에는 이미 약 30년 전에 언어의 자동처리에 관한 연구가 실제로 시작되었다. 그 당시 사람들은 자연 언어와 인공 언어의 차이, 감각적인 개념과 단지 '명명될' 뿐인 것 사이의 차이를 드러나게 하면서 오래 전부터 수공업식으로 이용된 암호 코드와 통계학의 개념들을 결합했다.

푸코가 언어의 건축 작업에서 **차원들의 위기**에 관해 질문할 때, 우리의 전달수단이나 조사수단들(라디오·전화·비디오카메라에 의한 감시·컴퓨터의 조립언어)을 지닌 보철물과 신체 없는 기관들을 생각하지 않는 한, 단지 볼 뿐인 초점 없는 눈과 무슨 말인지 알아듣지 못하는 귀가 모든 인식론적 착란에서 벗어나 어떻게 될 것인지 모두들 의아하게 생각할 수 있다. 19세기 이후로 **산업 미디어 전파**를 정당화하고 그와 더불어 문학·인문과학·과학적 사유 자체를 최소 언어교환의 상호개인적 도식에 따르게 했던 모든 것은, 물음이 타당하게 제기되는 한 오랫동안 '인과관계'의 의심스러운 개념 위에서 작동할 것이다…

단말 장치 기술

"당신이 움직이지 않는다면, 사람들은
당신을 만나러 온다."

드와노

정보 조작이라는 필요한 문화가 부족함으로 인해, 우리는 어쨌든 친구에게 **눈으로 모든 것을 이야기하지 말라**고 권하면서 **넘치는 시선**에 대해 경계하게 하는 고대 스토아학파의 철학자의 충고를 따라야 할 것이다. "하나씩 소개된 가시적 사물들의 이 무수한 형태들과 이미지들이 모여 영혼의 깊숙한 곳에 빽빽하게 자리 잡는다(…) 그것들은 영혼을 무겁게 만들고 불안하게 만든다. 영혼은 그렇게 되기 위해 만들어진 것은 아니며 또한 많은 기이한 대상들을 내포할 수 없을 것이다. 그로 말미암아 **불길한 환영들**이 우리의 사유를 혼란스럽게 만들어 이 유해한 다양한 사유가 훌륭한 명상의 길을 가로막는다."[1)]**이 유령들이 굶어 죽지 않는 반면, 우리는 사라질 것**

이다.

우리의 소통수단들에 의한 혼란스러운 상황은 어떤 정신적 외상의 관찰로부터 벗어날 수 없다. 설사 사람들이 이 분야에서 그 어느 때보다 분리할 수 없는 상업적인 군산(軍産) 훈련장이 회복과 입은 손상 사이에서 타락한 관계를 유지하는 것을 안다 할지라도 말이다. 따라서 19세기에는 대중 심리학이 군산 프롤레타리아화의 진보와, 실험 방법 · 통계학 · 수학적 모델에 필요한 수단과 함께 발전했다. 그러나 1892년 노동자들의 보호, 특히 여자들과 미성년자들의 보호에 신경을 써야만 하는 노동 감독국이 탄생했다. 1900년경에는 유럽에서 소비사회가 시작되고, 1917년 독일의 전략 지도자인 루덴도르프 장군이 히틀러나 무솔리니 앞에서 '진짜 무기'로 간주하는 산업영화가 탄생 한다… 그리고 1918년 이후, 사람들은 일반적으로 제1차 세계 산업 전쟁의 희생자들의 정신적 · 육체적 외상에 관한 연구와, **운송혁명**에 뒤이어 오는 순환과 노동의 사고들에 관한 연구의 발전을 목격하게 된다. 결국 핵서지의 시대는 산업 텔레비전의 비약적 발전과 더불어 **전달혁명**을 완성할 것이다.

미국과 캐나다에서는 건강에 책임을 지는 사람들, 특히 유행병 연구자들과 소아과 의사들은 소위 '위험한', 빈곤한 사람들과 아이들의 관심을 끌 수 있는 **텔레비전 병리학**을 조직할 것이다. 강요된 노동의 남용 다음으로 텔레비전의 남용이 다양한 병적 현상들 (비만이나 신경성 식욕부진, 약한 대뇌활동, 근본적인 언어장애, 현실

---

1) 페트라르카, 『나의 비밀』, 리바주, 1991.

공간에서 갈피를 잡지 못함, 공격성, 알코올 중독, 마약중독…)을 초래하기 때문이다. 미국 연방기관의 연구들과 일치하게 될 연구들은 다양한 질병들의 원인을 규명하는 것을 사명으로 삼았으며, 특히 학계에서는 1991년 미국에서 조사된 2,500명의 살인과 함께 살인을 유행병의 일부로 간주하기를 주저하지 않았다.

1992년 5월 프랑스의 「상테 마가진」에 의해 실시된 해리스 여론조사는 미디어 전파에 관심을 갖는 사람들에게서 나타나는 불안한 의존상태를 차례로 폭로했다. 질문에 응한 사람들의 43%가 텔레비전 없이는 잘 견디지 못했지만, 64%는 텔레비전을 시청한 후 실제로 신체적 불편함을 느낀다고 말한다. 미국에서 나타나는 텔레비전 병리학에 관한 약 20년간의 연구 후, 빅터 S. 스트라스버거와 S. 브랜든 캔터월은 이렇게 기록한다. "텔레비전의 **영향력을 부정하**기 어렵긴 하지만, 사람들은 텔레비전이 어떻게 작용하는지 모른다. 물론 그것을 이해하기 위해서는 **질적인 방법들**에 의지해야 한다."[2]

한 번 더 말하지만, 이러한 어법은 20세기 초 칼 크라우스가 주의를 환기시킨 바 있는 **기술 앞에서의 옹호의 부재**를 표현한다. 사실 설사 어떤 에너지가 대중의 에너지가 아닐지라도, 텔레비전의 **영향력**은 어떤 에너지를 내포하는 것이 아닐까? 다른 관점에서 결정적인 문화적 핑계로 예를 들어 왜 자동차 사고에서 확실한 것을 숨기려고 하는가? 하지만 이런 형태의 외상성 쇼크는 대개의 경우 피

2) '폭력의 위험요소로서의 텔레비전의 노출', 『미국 유행병 연구저널』, 129(4), 1989년 4월.

로·지나친 음주나 신경 안정제의 과다복용으로 인한 시청각 신호 수신의 어떤 장애나 정보 병리학에 속한다… 이것은 차량 속도의 고려, 즉 위반과 범죄로 처벌받는 초과 속도를 배제하지 않는다.

누가 약 100년 전에 그랬듯이 대량생산된 차에 4인승 무게차나 어떤 마차의 형태를 부여할 생각을 하겠는가? 누가 공기역학을 고려하지 않은 형태의 로켓을 설치하여 그 침투력을 위태롭게 할 생각을 하겠는가? 그것은 우리의 **시청각적 전달수단들**(그들의 미학·윤리·특성…)의 이차적 효과와 빛의 속도로 그것들을 추진시키는 전자파열(이 후자가 엄밀하게 말해서 '물질성'을 지니지 않기 때문에) 사이의 이분법을 절대적으로 받아들이게 하고자 할 때 사람들이 행하는 것이다! 그러나 텔레비전 병리학의 전문가들에게로 되돌아가자. **레이다에 포착되지 않는 비행기**의 경우, 다시 말해서 페르시아만의 위협적인 전쟁 때 도움이 된 후 최근 여러 번의 중대한 사고를 겪은 이 미국 비행기 **F**117은 그들에게 우리의 미래의 시청각적 환경의 유연성과 질직 변화에 관한 정보를 제공하는 것처럼 보인다. 새로운 광학 전자학 전쟁에서는 **보여진 것은 이미 파괴되었으며 보여지기 전에 파괴되는 편이 낫**기 때문이다. 그래서 **F**117의 기획자들은 레이다의 전파선에 도전하고 통제 스크린을 맹목적인 것으로 만들 수 있는 침투력을 위해 공기역학의 오래된 물리학적 법칙의 우월성을 포기하기로 결정했다. 따라서 이 유령 같은 비행기는 적의 지각 범위를 교란하기 위한 방해편(片)을 발하는 데 만족하지 않는다. 그것은 그 자체가 자신의 모습의 사라짐과 자기 재현의 파괴를 예상하는 **합성물**이다.

예를 들어 직접 관찰할 수 있는 넓은 장소, 즉 1991년 부르제에서 개최된 항공 신제품 전시회에서 본 폭탄을 장전한 이 가공할 비행기는 외관을 불투명한 물질로 되는 대로 그려 놓은 혼란스런 형체를 지녔는데, 가까스로 비행할 수 있는 것처럼 보였다. 그러나 '민간생활'에서는 항공기의 외관이 아직도 전자 도상과 지나친 합성 특수영상이 유행하고 있는 반면, 레이다에 포착되지 않는 이 비행기는 완전히 순화된 근본적인 도상 파괴주의로 우발적인 의사소통을 받아들인다. 그것은 단말장치 기술(art terminal)의 성질을 띠는데, 이 경우 물체 그 자체는 불투명한 거리와 맹목적인 속도를 재현한다. (그런데 이 맹목적인 속도는 미디어의 해방으로 인해 우리의 세계관이 벗어나기를 바랐던 속도이다.) 미국인들은 그것을 너무도 믿어 의심치 않았기 때문에 부르제의 항공 신제품 전시회(1993)에 그들의 새로운 시제품, 즉 레이다에 포착되지 않는 비행기의 후속물을 출품하지 않았다. 그러나 정말 아직도 항공술이 문제가 되는 것일까?

우리는 지각의 어떤 순환의 끝에 도달해 있다. 나는 다른 곳에서 그러한 상황을 기술했다. "실명은 최근의 '시각 기계' 장치의 중심에 있다. 시선 없는 시각의 생산은 산업화, 즉 비시선의 산업화의 최근 형태가 될 수 있을 강한 실명의 재생산에 불과하기 때문이다."[3] 그러나 우리를 '보는 행위'로부터 해방시키기를 바라는 이 궁극적인 '합성 시각'의 발명이전에 스냅사진과 1832년 쥘 장생의 천체 회전 장치의 발명, 그리고 공간 속에서 고속으로 이동하는 물체의 운동을 시각화할 수 있게 한 생리학자 쥘-에티엔느 마레의 동체사진의 발명, 과학적 카메라의 운동학적 동력의 발명, 이 새로운 지각 기술 전체는 (육안으로) 볼 수 없는 물체에 볼 수 있는 가면을 씌우는 경향이 있었다는 사실을 잊지 말자. 그와 더불어 우리의 시각 능력 상실과 상대적 실명은 표현과 소통의 중심에 놓이게 되었다. 그리하여 가장 전통적인 시각 기술들 가운데서 **마술**은 운동학적 동력에 의한 망막 환각뿐만 아니라 가장 최근의 특수효과와 합성 특수영상의 사용에 의한 그 환상적 확대를 초래할 수밖에 없었다.

게다가 그 계보는 다게르에서 시계 제조공 로베르 우댕… 나아가 영화 특수효과의 발명가이자 (1888년부터 1924년까지) 우댕의 환상적인 밤 공연의 무대감독인 조르주 멜리에스에 이르기까지 분명했다. 특히 로베르 우댕은 스펙터클을 창조하기 위해 다게르의 투시화의 개념을 사용했으며(물론 이때 환상은 망막의 잔상에 직접 근거했다), 자신이 '**시각의 특수한 시간들**'이라고 부르는 것을 발견했다. 마술은 관객에게 결코 존재한 적이 없는 것과 **무를 믿**게 하면서, 그리고 현실과 관객이 현실이고 사실이라고 믿는 것을 구별하는 선천적 능력을 공격하면서 관객의 시각적 한계를 이용하는 데 온전히 매달리는 기술이다.

---

3) 폴 비릴리오, 『시각 기계』, 갈릴레, 1988.

세계를 마음대로 재창조하는 플라톤의 마법사와는 반대로, 19세기의 마술사는 관객에게 모든 것을 보지 못하게끔 하는 이중 혹은 삼중 형태의 인공물을 발명할 수 있을 뿐만 아니라 또한 관찰자에게 **아무것도 보지 못하**게끔 하는 인공적 환경을 갖출 수 있었다—이는 문의 움직임과 특히 거울의 작용, 즉 최근 세대에 의한 근대의 광학 전자학 연구의 중요성을 되풀이 하고 있는 저 유명한 거울의 작용에 힘입어 가능해졌다. 게다가 1865년 군인인 스토다르 대령이 우댕을 본받아 부분적으로 보이지 않게 무대에 등장하는 데 성공했다… 30년 후 H·G 웰즈는 자신의 소설 『보이지 않는 인간』을 출판했으며, 특수효과에 관해 존 풀턴의 도움을 받은 영화감독 제임스 웨일은 1933년 멜리에스가 죽기 직전에 자신의 영화 걸작품을 상영했다. 폴 길슨은 이렇게 기술했다. "불가능한 것을 통한 여행의 이 수수께끼, 즉 빗방울만이 인간을 프리즘 색의 스펙트럼, 무지개의 덫에 걸린 유령으로 만들면서 인간의 윤곽을 폭로한다. 안개는 여전히 그의 윤곽을 그렸고, 눈은 설명할 수 없을 정도로 그의 걸음의 흔적을 나타내었다… **죽기 위해 장엄하게 다시 나타나는** 보이지 않는 인간이 죽을 때까지 심장의 위치에 총을 쏘는 탐정의 제스처까지도 말이다…"

예전의 마술사들이 많은 이상한 물건으로 무대를 혼잡하게 만들었는데도, 로베르 우댕은 기계장치에서처럼 "마술의 근본 원칙이 작은 원인으로 큰 효과를 산출하는 것이"라고 주장하면서 마술의 근대 시대를 열었다. 그리하여 그는 속임수를 쓰는 일종의 재현 기술의 반현상학에 지각적 믿음의 어떤 구실을 도입했다. 위대한 존 마스켈라인은 스토다르의 성공을 완벽하게 했다. 그 자신은 천문학자들과 물리학자들과 다른 '수학 마술사들'이 있는 오래된 가문의 후손이었다. 우댕처럼, 그는 인조인간, '휘스트 놀이하는 사람', '타자기'를 착상했다… 그의 후손들 중의 한 사람인 재스퍼 마스켈라인은 마술을 전장의 현실에 옮겨 놓음으로써 사막 속에서 적의 지각 방법을 혼란스럽게 만들고 영국 군대의 '가짜 이동'을 조장하는 인공 생태학을 창조하면서 엘-알라멩(1942)의 승리에 기여했다.

오늘날에는 더욱더, 재스퍼 마스켈라인의 수많은 발명품들이 **분류되**고 있다. 다시 말해서 제한된 수의 전문가들에게만 유보되어 있다.—다른 장치들 중에서도, 그는 적외선 통신체계와, 비행기들이 저공 방공 탐조등에 포착되지 않게 하는 방법을 발명했다. 또한 그는 반사면을 이용하면서 포병대의 진지 위장을 개선했으며, 바다 속의 물체들의 위장을 위해 바다제비의 색으로 복제된 **회색 오메가**의 적용을 적극 권했다.[4)]

마스켈라인에게 있어서 은폐는 **재현이 이루어지는 가운데서** 장황한 설명이 없었다. 왜냐하면 지각 기술의 성과가 있을수록, 더욱더 실재의 무화(無化)는 사람들로부터 큰 대상들과 마침내 완전한 지역들에 이르기까지 확장되었기 때문이다.

기술과 재현이 문제가 될 때, 서양인들이 갈구하는 지리멸렬한

---

4) 데이비드 피셔, 『전쟁의 마술사』, 프레스 드 라 시테, 1986.

설명을 포기하고 잠시 폴 드 타르스의 말을 계속해 보자. "우리가 보는 세계는 지나가고 있다." 하지만 "우리는 지나가고 있는 세계를 보지 못한다"… 우리는 물론 세계의 가속과 마찬가지로 세계의 느림도 지각하지 못한다. 우리는 움직임이 전개되는 시간 자체의 **실재**가 무엇인지를 지각하지 못한다. **움직임은 바로 실명(失明) 상태이다**.

따라서 동력/카메라가 초당 24가지의 영상의 **실제** 움직임을 모방하지 못하고 **불규칙적인 속도**—래이 해리하우젠이 만화영화의 '생명력'에 대립되는 '활력'이라고 부르는 것—를 시험할 때, 관객은 어떤 혼란을 나타낸다. 사실 그는 우리가 세계를 지각하는 일차적 차원인 '움직임의 수수께끼'의 재현을 통해 시각적으로 동일시하는 자신의 능력의 한계에 갑자기 부딪치게 된다.

영화인 마이클 포웰이 다음과 같이 선언할 때도 마찬가지다. "나에게 있어 춤은 영화의 일부를 이룬다. 그것은 항상 그러했다… 영화 「빨간 구두」에서, 나는 같은 장면에서도 끊임없이 속도를 바꾸었다. 초당 24가지의 영상은 단조로웠다. 그래서 나는 초당 48가지 영상에서 46가지 영상으로 옮아갔다. **그로 인해 나는 영화 촬영에서 모든 특수효과를 성공시킬 수 있었다**."

"움직이지 않는 것 속에는 플러스 요인이 있다"고 베르그손은 말했다. 서양에서 재현의 본질은 동력의 혁신이 이루어질 때까지 이러한 사유에 종속될 것이다. 즉 **움직이지 않는 것은 보이게 하**고, 조형예술은 **보는 듯한 착각과 보는 시간을 갖는 듯한 착각을 일으**

키는 움직임을 고정시키는 것이 될 것이다.

가장 완벽한 예술은 **정물화**의 배치된 풍경일 것이다. 왜냐하면 정물화가 나타내는 움직이지 않는 세계는 부동을 상기시키기 때문이다. 이 때 정물은 더 이상 움직이지 않기 때문에 사람들이 여유를 가지면서 자기 마음대로 응시할 수 있는 전시된 사물이 된다. 살기를 멈춘 사람이 자신의 넘치는 모습을 유발하면서 자신이 실제로 존재하고 우리 앞에서 움직였을 때보다 더 많이 존재한다는 아주 강한 느낌을 주듯이 말이다. 그리고 제임스 웨일의 영화에서 자신이 살아 있을 때, 자취를 감춘 사람이 죽어가면서 멋지게 다시 나타나듯이 말이다.

화가들 중에서 가장 완벽한 화가인 베르메르에게 있어서 살아 있는 세계는 정물화와 같다. 다시 말해서 움직임의 적인 일련의 사물들을 관람자의 시선으로 배치하는 것과 같다. 만약 자신의 작업 중에 화가가 어떤 사물을 옮겨 놓는다면, 그는 그 사물뿐만 아니라 모든 다른 사물들도 평온을 상실하면서 이미 동일성을 바꾸었을 것이라는 것을 알고 있다. 스토아학파의 철학자의 말을 예시하는 쇼펜하우어는 이 네덜란드 사람에 관해 이렇게 썼다. "관람자는 무의미하고 무관심한 사물들에 관심을 갖기 위해 그리고 많은 애정을 갖고 그것들을 재현하기 위해 그렇게 했던 것처럼 평온으로 가득한 고요하고 평화로운 예술가의 정신상태를 상상하거나 감동을 받지 않고서는 그의 그림들을 생각할 수 없다. 자기반성을 통해 우리가 항상 욕망과 불안으로 동요하고 항상 모호해진 우리의 감정들과 매우 평온한 저 그림들이 대조를 이루는 것에 감동하는 것만큼, 느낌은 더욱더 강렬해진다."[5]

동력의 혁명이 시작되자마자, 영상의 작동은 이 정지상태의 조직을 파괴했으며 그와 더불어 시각의 정지, 빛의 응시의 정지, '넓은 의미에서의 이 현존의 장(場)'을 파괴했다. 그리고 곧 재현과 통신의 방법들을 간소화하게 될 이 시각적 정보 조작을 초래했다.

오늘날 우리는 사람들이 세계의 존재를 철저히 파헤칠 수 있다는 것을 알고 있다. 사람들이 우리의 꿈과 환상과 놀라움의 불안정한 영역—이러한 영역을 어떤 사람들은 자신들이 경험하게 될 어떤 문명의 최종 목표로 제시한다—을 빨리 철저히 고찰하는 것을 어째서 예상할 수 없을까?

그러나 초현실주의자들의 작품들과 특히 그들의 '꿈의 은행'은 우리에게 진부한 꿈의 빈곤을 보여주었다. 이 진부한 꿈은 특히 다양성과 환상이 결여되어 있고, 형상화된 우리의 꿈은 쉽게 허튼 소리를 늘어놓는다. 그리고 그것은 특히 별로 많지 않은 자신의 주제들을 되풀이하기를 좋아한다. 이는 특수 합성 영상의 경우에는 분명하다. 왜냐하면 그것은 3D의 옛날 영화나 만화영화의 특수효과를 모방만 하고 있고 상상계의 조형적인 한계에 공공연히 부딪치기 때문이다.

사실 여기서 우리는 20세기 초에 기록 영화 제작자와 그림으로

---

5) 쇼펜하우어, 『세계의 고통』, 리바주, 1990.

표현하는 사람을 대립시키는 오래된 논쟁의 연속과 결말을 다시 발견한다. 즉, 합성 영상은 영화를 모방해야 하는가? 아니면 사진의 재현에서 떨어져 나가 과학적 사진의 방식처럼 고유한 존재 방식을 지닐 수 있는가? 우리는 정말 되돌아 갈 수 없는 지점에, 다시 말해서 오늘날 언어활동의 남용처럼 보이는 것에 관한 중대한 의문점에 도달해 있다. 자신이 반대되는 것을 열심히 증명하고자 함에도 불구하고, 창조적 인간은 그렇다고 해서 **창조자**가 아니다. **창조**는 인간의 영역에 속하지 않으며, 매우 자주 사용되는 창조자라는 말은 부적합하다… 어떤 의미에서 인간은 창조자이기보다는 확실히 기술자이다. 미래파 예술가들 이후 뒤샹, 동력학자들과 일반화된 동력화의 다른 지지자들은 그것을 증명했다. 즉 20세기의 기술은 테크노 과학이 21세기에 장래성이 없는 것과 마찬가지로 장래성이 없었다는 것이다. 정지상태의 조직의 파괴는 쉴레겔에 따르면 **정돈된 모든 창조 속에 감추어지는 이 혼돈의 경향**을 드러내기만 했다.

최근 캐나다와 미국에서 추진된 어떤 연구들은 독서 장애의 성향이 있는 사람들 앞에서 고속이나 가변 속도에 의한 영상 변화로 인해 야기된 실제의 증상과 이 병리학을 대충 이해하게 해줄 수 있다. 그들은 일반적으로 자연적 시각의 입체 영상으로 제시된 두 개의 영상들 중에서 한 영상만을 볼 수 있을 것이다. 차원, 입체감, 공간의 지각은 색과 윤곽의 해석을 위해 침해를 받는다. 색과 윤곽의 식별이 고속의 영상 돌리기로 인해 사라지고 시청자가 더 이상 아무것도 볼 수 없기 때문에… 따라서 독서 장애가 언어활동의 핵심적인 장애, 다시 말해서 의사소통의 두드러진 사회성의 결여에 불과하다는 주장은 폐기될 것이다. 독서 장애는 또한 실재와 우리가 갖는 이미지를 구별할 수 있게 하는 우리의 선천적인 능력, 이해할 수 있는 외양의 구성에 영향을 미칠 것이다.

최근 알려진 한 디자이너는 "오늘날 사치는 혼합하고 낭비하고 **선택을 거부**할 권리가 되었다"고 선언했다. 시선은 자신이 정지하는 곳에서 더 이상 선택하지 않는다. 왜냐하면 이제 시선은 어디에서나, 도처에서 그리고 아무데서도 멈출 수 있기 때문이며, 또한 자신의 이미지를 구성하는 데 있어 입체감과 가치와 거리들이 매우 부족하기 때문이다. 이 디자이너가 조화롭지 못하고 강한 유색의 재단으로 창조한 모델들이 독서 장애에 의한 실재 식별의 최종 단계를 아주 충실히 재현한다는 점에 주목하자.

스냅사진의 발명과 운동학적 동력의 작동 이후, 우리 시대는 외양의 순환—직접적인 관찰의 순환뿐만 아니라 오늘날 간접적인 지각의 순환—의 종말을 향해 점진적으로 나아갔다. 그리고 우리는 이 계속되는 파괴를 지나치게 불안해하지 않았다. 사실 이러한 종말은 누구나 인정하는 세계의 움직임의 증인으로서 그리고 우리의 시각적 한계의 초월로서 예전의 영상 동력의 종말인데, 이는 미디어 폭력의 본질 자체를 '산출'만 하고 있는 전자파의 이 명백한 침투력을 위해 실현되었다. — 시각적 충격을 지닌 이 테러의 미학은 이제 전쟁에서처럼 관찰자나 시청자를 선동자나 잠재적 희생자로 변모시키려는 명백한 목적으로 대중 텔레비전의 스크린에서와 마찬가지로 통제의 스크린에서 점점 더 집요하게 나타나고 있다.

앤젤 스튜디오의 합성 이미지의 전문가인 미국인 브래드 넝크는 최근 "섹스와 피처럼, 특수효과는 인기영화에 없어서는 안 될 요소가 되었다"고 선언했다.

의사소통 수단들에 관하여, 사람들은 오래된 법을 확인할 것이다. 즉 광고 효과가 빠를수록, 광고는 더욱더 **우발적**이 되고 더욱더 자신의 **실체**를 상실하게 된다.

예전의 스펙터클처럼, 라디오 · 영화나 텔레비전은 분노 · 놀라움 · 고뇌 · 공상(욕망) 같은 **자연적인** 감정들을 산출하려고 했다… 그러나 재현의 기술에 의해 절정에 도달한 가속의 **인위적인** 효과들을 기대하면서 말이다. 마비시키기 · 현기증 · 과다한 흥분 · 충격상태는 메시지와 이미지의 긍정적 · 부정적 또는 유해한 특성을 선택하거나 합리적으로 평가하는 모든 판단과 체계로부터 벗어날 것이다. 우발적이 되어 버린 광고 효과는 곧 단순한 신호-주파수, 모든 사실임직함을 필요로 하지 않는 충동이 될 것이다. 젊은 세대의 엄격한 교육은 소멸과 제거의 가상성에 오로지 근거를 둔 비디오 게임 — 광선에 지나치게 민감한 사람들에게 간질성의 작은 죽음에 대해 완전한 의식 상실을 초래할 수 있는 반사광 게임 — 의 성공에 의해 이미 확실해졌다.

기술의 세대들이 계속되기 때문에, **문자언어**(책, 정기간행물…)를 표현하는 사람은 자신의 아들이 비디오-그래픽의 지배력에 사로잡혀 자신을 알아보지 못하는 것과 마찬가지로 **스크린**(영화, 텔레비전)의 세대에 속해 있는 자신의 아들을 알아보지 못했다.[6)]

최근 세계의 지정학을 뒤흔들어 놓은 깜짝 놀랄만한 사건들은 이 문제를 다시 규명했다. 예를 들어 동유럽에서 80년대 말에 자유나 대중매체의 해방이 문제가 되었는가? **자유**는 가능했는가? 아니, 그 당시는 엄중한 감시 하에 있었다. 불가사의한 대부(代父)들과 연출가들이 마이크와 카메라 뒤에서 항상 활동했기 때문이다. 대중매체의 해방은 가능했는가? 그렇다. 사람들이 주장했듯이 지나치게 중대한 것은 단순한 사건들이 아니라 모든 객관적인 통제와 중대한 평가를 금지하는, 그리고 기술적으로 구식이 되어 버린 정보 복합체의 대표자들의 신망을 갑작스레 떨어뜨리는 사건 전달의 기술들과 24시간 쉬지 않고 일어나는 강력한 사건들이기 때문이다.

그러는 동안 페르시아만 전쟁이 일어났는데, 어떤 사람들은 이 전쟁을 비디오 게임이나 컴퓨터의 전쟁놀이에 비유했다… 그리고 미국 국방성이 명령한 뉴스 따위의 발표 금지는 사진가·리포터·저널리스트들과, 신문과 텔레비전의 다른 통상적인 해설가들에게

---

6) 사람들은 플라톤의 관찰력을 다시 확인한다. 즉 모든 정치체계는 계보를 통해 새로운 표준을 산출하며, 민주주의자는 깨어 있는 세계에서 멀리 떨어져 우정을 가질 수 없는 고독한 젊은 폭군을 낳는다. "깨어 있을 때 법과 자신의 부모에 따르는, 그는 각성상태에도 때때로 꿈 속의 사람이 될 것이다… 그리하여 그는 어떤 살해도, 건강에 해로운 식생활도, 중죄도 삼가지 않을 것이다…"(『국가론』, IX.)

침묵을 강요했다. 미군들이 **최후수단**으로서, 즉 정보에 의한 충격적인 최종 설득수단으로서 **통신무기**의 새로운 제조소를 그들 대신에 '말하'게 할 것을 결정했기 때문이다.

라카날, 카르노나 보나파르트 이후 오랫동안 기술 발전의 선봉에 선 군(軍) 정보 복합체에 의한 미디어의 재장악이 확실히 문제가 되었다. 시대에 뒤지거나 경제의 후퇴로 인해 피해를 입은 '제 4권력'은 미디어를 탈 수 있었다. 사실 1994년 미국에서 미국 텔레비전의 새로운 채널인 **군사 채널**이 탄생했는데, 이 채널은 군대의 영감을 얻은 영화와 연속극과 마찬가지로 무기와 전쟁에 관한 기록영화들을 24시간 쉬지 않고 방송할 것이다.

무대의 희생자

"나는 내리쬐는 햇볕 아래 속이고 있는 어두운 사회가 윤곽을 드러내는 것을 보았다."

폴 모랑

제1차 세계대전 동안 위대한 화상 르네 쟁펠은 프랑스의 명성을 이용하여 수집을 하거나 재단을 설립하기를 바라는 매우 부유한 미국의 다수의 기업가들에게 유럽 예술을 보다 잘 알게 했다.

이 최초의 여행 중에, 그는 약간의 이주민들을 발견할 기회를 갖게 되었는데, 그들의 주요한 문화 지표는 유럽에 거의 알려지지 않은 기술적 유효성을 지닌 예술을 위한 예술이었다. 다시 말해서 교회나 사원의 주변에서가 아니라 공장 · 수직갱도 · 역의 주변에서 세워졌다가 자주 갑자기 버려지는 이 불안정한 도시들 속에서 형성된, '엄밀하게 말해서 놀랄만한 기계 숭배의 양상을 띤 유물론'이었다.[1)]

이러한 선례들이 없었다면, 운동학적 동력의 세계적 중심지인 할리우드는 1936년 상드라르가 「파리-스와르」지의 일련의 기사들 속에서 묘사한 것처럼 결코 존재하지 않았을지도 모른다. 상드라르에 따르면, 이 구역은 기피인물들을 가차 없이 내쫓는 세 곳의 경찰청에 의해 감시를 받고 있고 계엄령이 내려진 캘리포니아 주에서도 금지된 구역이다. 그런데 이 기피인물들은 기후의 온화함을 이용하고 싶어하는 보균자나 환자들, 특히 실업자들, 여자들, 버려진 아이들인데, 그들은 자신들이 태어난 나라로 마침내 돌려 보내지거나 사막 한가운데에 있는 집단 수용소에 감금되기 전에 발바닥이 부르트도록 일자리를 찾아 헤매다가 성채처럼 닫혀 있는 거대한 스튜디오-공장 문 앞에서 좌절하고 만다.[2)]

"몬테-카를로를 제외하고 사람들이 할리우드만큼이나 자살하는 이 세상의 도시도 없다. 동시에 칸느와 루나 파크와 몽파르나스를 닮은 할리우드에는 그 자체에 배경막의 구실을 하는 미국식 무대 앞에서 놀라운 즉흥 공연, 즉 자발직으로 끊임없이 이루어지는 스펙터클이 거리에서 밤낮으로 상영된다"고 상드라르는 말한다. 사실 저널리스트 작가인 그는 잘 속아 넘어가지 않는다. 미국 대륙의 동쪽에서 서쪽으로의 끝없는 횡단을 하는 동안, 그는 갑작스런 영감을 갖게 되었으며, 이 기차 여행을 통해 다른 것을 연상하게 되었다. "나는 어디에 있을까? 아니? … 불가능한 일이지!… 나는 정말

---

1) 르네 쟁펠, 『어느 수집가의 일기』, 칼만-레비, 1963.
2) 블레즈 상드라르, 『할리우드, 영화의 메카』, 그라세, 1936.

20세기에 미국에서 기차 안에 있을까? 18세기에 카르린느 2세가 기억할 만한 정도로 크림 섬을 여행할 때 우크라이나의 대초원을 가로지르는 그런 4륜 짐마차 안에는 있지 않겠지…"

칸막이가 있는 기차의 창문을 통해 상드라르가 언뜻 본 것은 갑자기 '저 유명한 이동 무대'와 같은 것처럼 보였다. 말하자면 그것은 "거대한 제국의 문명상태와 번영에 대해 왕을 착각하게 하기 위해 그의 여정에 따라 포템킨 원수가 지평선에 설치하게 했던 이동 무대!"이다.

"얼마나 멋진 희롱인가! **하지만 주권을 가진 국민을 제외하고는 이제 이 민주국가에서 누구를 속이고자 하겠는가**?"

온전히 **무대의 희생자**인 유목민, **변화무쌍한 스카이 라인**의 착시로 인해 왜곡된 민주주의… 언뜻 본 풍경의 역학은 속임수, 즉 잘 계산된 속임수에 불과하다. 우크라이나의 대초원을 가로지르는 4륜 짐마차에서부터 대륙횡단 기차와 운동학적 동력을 지닌 도시(이러한 도시에서는 주민들보다 자동차가 이미 더 많이 있으며, 한가로이 거닐거나 도보로 산책하는 모든 사람은 수상쩍은 자이다)에 이르기까지, 모든 미디어가 하나의 미디어만을 형성할 뿐이다.

"**여기서 머물지 마라**! 비상하라, 나라 전체로 흩어져라, 위대한 서부로 가라!" 지난 세기의 권위자들은 죽었으며, 여행의 눈속임은 태평양 가까이에서 끝난다. 할리우드와 그 스튜디오-공장들은 다음의 단계가 이미 완성되는 종착역이자 **지각의 산업화**이자 최종 쿠데타이다.

유럽에서 최초의 사회주의자들이 오래된 사회계급을 없애기를 열망하는 동안, 철도회사들은 새로운 계급, 즉 **속도계급**을 창시한다. 부유한 여행자는 그에게 사치스런 안락함, 특히 **속도로 가는** 완전히 새로운 안락함을 제공할 '1등석' 열차를 탈 것이다. 그는 3시간 48분 걸려서 파리에서 페캉(당시 평판이 나 있는 해수욕장)까지 갈 것이다. 2등석 열차를 탄 여행자는 4시간 44분이 걸릴 것이다. 3등석 열차를 탄 여행자는 6시간 내지 7시간, 게다가 더 많이 걸릴 것이다. 1900년 경 파리-마르세유 간의 3등석 열차는 28시간 이상 걸려서 마르세이유에 도착할 것이다. 반면 1등석 **특급열차**는 16시간 걸려서 같은 노선을 완주할 것이다. 따라서 빠른 철도 수송은 현재와 곧 닥쳐올 세계의 증오 — 끝나 가는 낭만주의에 대한 **감상적 비관** — 에 사로잡혀 있는 할 일이 없는 사람들에게 효과적인 치료로 간주될 것이다. 물론 이때 독일어 **지루함**(**langweile**)이 가리키듯이, 그들에게 있어 시간은 거의 정지된 시간, 말하자면 스스로 움직이지 못하게 하는 대뇌활동 둔화를 초래하는 비통한 느림으로 흘러가는 시간처럼 보인다.

철도에 익숙해진 플로베르는 이렇게 기술했다. "나는 움직임을 싫어한다"… 그러나 다른 곳에서 그는 "나는 랩랜드 사람들, 인도, 호주를 보고 싶다. 정말, 지구는 아름답다! 지구의 절반도 보지 못한 채 죽다니!"라고 기록했다. 이것은 모순적인 것이 아니다. '여러 번 죽었다가' 저승에서 다시 돌아왔다는 '확신'을 그에게 주었던 심각한 간질성의 발작 때처럼, 삶은 오로지 **거기에 존재하지 않으면** 받아들일 수 있기 때문이다. 『생 앙트완느의 유혹』에서 그는 다시 이렇게 썼다. "너는 너의 영혼을 짓누르며 너무도 좁은 지하 독방처럼 너의 영혼을 복종시키는 육체에 지쳐 있지 않은가? 그러니 너의 육체를 파괴하라··· 우리는 그 육체를 멀리하고 혐오한다." 흩어지는 것, 분해하는 것, 완화하는 것, 큰 기쁨을 느끼는 것, 무거운 육체를 떨쳐 버리는 것, 우리의 이 모든 운명은 이제 도피와 탈출이라는 말로 해석될 수 있을 것이다. 그것은 '줄어드는 가죽'에서처럼, 즉 (총량, 부피, 크기의 면에서···)거북스러운 너무 비좁은 옷, 입고 움직일 수밖에 없는 사람에게는 너무 무거운 옷에서처럼 **자기 고통을 겪는 것이다**. 마치 주체가 우스꽝스럽게 치장한 육체의 차원들과 세계 안에서의 자기 존재로 알려진 시작도 끝도 없는 공간/시간 —직접적인 의식에서 벗어나는 믿음의 대상인 탄생과 죽음—사이에, 그리고 많이 열린 상태(의미 없는 **무의미**)라고 쉽게 불리는 **내적 영역**과 메를로-퐁티가 우리에게 말하듯 **우리가 시선을 통해 맨 먼저 향해 가는** 이 세계의 실제 영역 사이에 근본적인 모순이 존재하듯이 말이다.

증기에 의한 철도 수송의 가속에 관한 재치있는 농담은 '육체를 파괴하는' 수많은 방법들을 이미 내포했으며, 운송에 의한 착시는 외적 영역을 간파하면서 그것을 깊은 구렁과 심연으로, 나아가 우리의 내적 영역의 그것들과 같은 많이 열린 상태로 바꾸어놓는 힘을 지녔다. 따라서 사람들은 지각된 세계의 격자 구조화와 더불어

무거운 존재의 유혹에 대해서와 마찬가지로 가속에 대해서 말할 수 있을 것이다. 다시 말하면 플로베르의 생 앙트완느 이후 각자가 세계가 지니는 무(無)의 점진적인 확장 앞에서 외칠 수 있는 **세계의 종말**에 대해 말할 수 있을 것이다. "오른쪽이나 왼쪽에서, 높은 곳이나 낮은 곳에서 나의 앞과 뒤에도 심연이 있고, 어디에도 어둠이 있다!"

어떤 종(種)이 지니는 빠른 속도는 그에게는 항상 때 이른 죽음을 나타낸다. 강렬한 근육통을 수반하는 기계적인 과중은 사냥에서 빠름을 보여주거나 포식동물을 피하는 다른 척추동물들에서처럼 인간에게 있어서 수많은 육체적인 심한 충격의 원인일 뿐만 아니라 또한 늙음의 중요한 요인이다. 산업시대 초에는 노동자들은 일상적인 육체노동의 속도에 의해 그리고 그들의 이동에 필요한 육체적 고생에 의해 기진맥진하여 젊어서 죽었다—18세기말과 19세기 초에는 전쟁을 치루는 군대는 선장에서보다 끝없는 강행군 중에 더 많은 사람들을 잃었다. 그와 반대로 생산과 운송의 기계화와 더불어, 인간의 평균 수명은 동력에 의한 사람들의 충격의 상당한 감소와 최소의 육체적 고생에 힘입어 부분적으로 증가할 것이다.

대다수의 사람들에게 매우 긴 수명을 가져오는 동력의 출현은 시간에 대한 새로운 이해, 즉 **불필요한 시간**에 대한 새로운 이해를 가져왔는데, 이러한 시간은 무거운 물체의 최소량의 이동과 동력 성능의 다양한 모델과, 우리의 행동을 상대화하면서 우리의 생각 또한 상대화하는 어떤 할 일 없음과 관련이 있었다.

문명의 순환 속에서 고대 그리스인들이 마음속에 원래 자리잡은 정신의 자리를 이동시키고 육체적 고생을 하는 동안 자극받는 신체의 기관을 두뇌에까지 향상시킬 때, 태고의 시대 이후 인간의 신체가 무의지적인 주체라는 이 **차원의 변동**에 새로운 해결책을 가져오는 것이 문제였다. 이제 '의식 있는' 존재는 노예제도를 지지하고 산업이 발달한 사회—이러한 사회에서는 엘리트들의 삶에 대한 희망이 매우 커지고 기대가 매우 강해진다—속에서 주변 영토에 영향력을 행사하기를 좋아하듯이 자신의 시대 차원에 영향력을 행사하기를 바란다.

최소의 움직임과 움직임의 상대화에서 생겨난 이러한 기대는 따라서 주의를 요하는 현상으로 간주되며, 사람들은 철학이 지역적으로 그리고 거의 자연스럽게 '시간에 관한 중대한 물음'(바슐라르)으로서 뿐만 아니라 **길어지는 시간을 구체화하는**[3] 새로운 자유에 관한 중대한 물음으로서 나타나고 있다고 상상할 수 있다.

우리가 알고 있듯이, 전설적인 이야기는 고대의 현인에게 오랜 삶을 기꺼이 부여한다. 그는 자신의 옷을 자발적으로 벗기를 선택하지 않는 한 100살 이상의 많은 나이에도 살아 있는 종들처럼 오래 살다가 죽는다.

철학은 쓸데없는 육체적 고생의 소멸에서 태어난 쓸데없는(자주

3) 「고르기아스」에서, 소크라테스는 항상 늦게 도착하면서 그리고 칼리클레스를 통해 **아토포스**(**atopos**)를 선언하면서 도시에 질질 끌리는 맨발의 모습을 드러내었다.

무익한) 물음에 불과할지도 모른다.

올바른 이성(**로고스**)은 이성이 되는 기술만이 아니다. 그 이상으로 그것은 스토아학파의 철학자에게는 **영원한 선**, 즉 시대 차원의 빈약함의 해결책이다. 지혜를 열망하는 사람은 자신의 세기에 과거와 미래의 다른 모든 세기를 덧붙이기를 두려워하지 않는다. 자신의 노동을 통해 그는 모든 것에 접근하며 어떠한 것도 그에게 금지되어 있지 않다고 세네카는 말했다. "자신의 영혼을 확장하면서 우리는 엄청난 시간을 마음대로 사용하며, 이러한 시간을 통해 우리는 확장한다."[4)]

반면 고대 로마의 큰 도시국가가 노예들과 외국인 용병들에 전적으로 매달려 있을 때, 이 스토아학파의 철학자는 결국 지나침에 불과할 수 있을 운동의 비논리성, 다시 말해서 지나치게 동기 없는 인간 운동의 희생자가 되어 시각을 통해 세상에 나아가 모든 것을 시선에 결부시키는 사람의 무절제가 사유와 그 평화로움을 짓누르는 위험임을 알려줄 것이다. "잠자리에서 몸을 뒤척이는 것처럼 사람들이 피로를 느끼기 전에 비스듬히 자세를 바꾸어 다양한 자세로 몸을 식히기 위해 심지어 상당히 고통스럽게 우리의 신체를 진정시키는 운동이 있다(…) 마찬가지로 불연속적인 여행, 해안을 떠돌아다니는 산보, 때로는 바다에서 때로는 육지에서 시험하긴 하지만 항상 현재와 반대되는 운동성도 있다(…) 어떤 여행은 다른 여행에 뒤이어 이루어지고, 어떤 스펙터클은 다른 스펙터클을 대신한다…

---

4) 세네카, 『인생의 짧음에 대하여』

그리하여 바로 여기서 삶과 세계에 대한 혐오, 즉 향락적인 사람이 **항상 매한가지는 언제이냐?** 라고 외쳐대는 격렬한 흥분이 시작된다고 세네카는 덧붙여 말한다."[5]

둘 중 하나가 상대를 놓아주지 않은 채 야곱이 새벽까지 **평가할 수 없는 누군가와 힘을 겨루는** 모호한 성서 이야기에서처럼 말이다. 야곱이 물러서게 하지 못하는 이 **누군가**는 천사도 신도 아닐 터이지만, 야곱 자신은 그의 차원이 나타내는 조롱에 시달리며 격렬하게 싸운 밤 이후로 자신의 신체의 한계, 즉 "떠날 수 없을 지도 모르는 이 참을 수 없는 여행의 동반자"를 알게 된다.

이미 헛되이 돌아다닌 세계는 좁은 긴 의자에 불과하다. 다시 말해서 가장 먼 이동, 신체를 지치게 하지 않고 어중간하게 진정시키는 일련의 작은 움직임에 지나지 않는다. 무기력한 힘이 자신이 있는 위치와 장소를 가르쳐 줄 다른 누군가를 필요로 할 정도로 향락적인 사람으로 하여금 자기 자신을 더 이상 기억하지 못하게 하면서 살아 있는 죽은 사람으로 바꾸어 놓는 한 말이다. 마치 목욕탕에서 나와 문이 달린 가마에 몸을 맡기면서 자신의 노예들에게 '나는 지금 앉아 있는가?'라고 물었던 저 로마인처럼 말이다.

운송과 전달의 분야에서 오늘날의 발전은 여기서 저기까지의 이동이 아니라 **저기에 있음에서 저기에 더 이상 있지 않음**까지의 눈에 띠지 않는 병리학을 계속 자극했다. 걸음의 육체적 고생의 제거에서부터 최초의 빠른 운송에 의한 감각·운동의 상실에 이르기까

---

5) 세네카, 『정신적 평온에 대하여』

지, 사람들은 마침내 감각 상실과 유사한 상태에 도달했다. 흔들림과 나무로 된 거친 긴 의자, 후려치는 바람과 추위, 앞을 못하게 하면서 그을음으로 뒤덮는 자욱한 연기와 함께 장을 왕래하는 교통수단들처럼 이용하는 야외철도의 최초의 열차들에서 엄청난 소음을 내면서 통과하는 외부세계에 닫혀 있는 초음속기와 고속 열차에 이르기까지는, 큰 차이가 존재한다.

따라서 예전의 여행에 의한 감각 상실은 대형 스크린 영화 상영에 의해 보상받는다. 여행자는 시선을 통해 계속 세계로 나아가지만, 이 경우 운동학적 동력은 고도(高度)의 거리 속에서 사라지고 꼼짝 않는 잇달은 풍경을 되살아나게 한다.

19세기의 운송혁명이 한창 진행될 때, 쥘 미슐레[6]는 이렇게 예상했다. "각각의 기후는 하나의 해결책이다. 미래의 의료행위는 선견지명 있는 이동과 같을 것이다…" 그리하여 그는 사교계의 부인들에게 익숙해진 주거지를 피해 "좋은 계절을 앞질러 가는 철새들을 모방할" 것을 권했다. 그러나 그는 "지루함으로 인해 유쾌하지 못한 그의 친한 사람들"에게 급행열차의 속도에 대해 경계하게 한다. "시시각각으로 다양한 기후를 느끼면서 20시간 걸려 파리에서 지중해까지 가는 것은 신경질적인 사람에게는 가장 경솔한 짓이다." 19세기의 위생에 의한 이주는 이미 궤도 혁명의 성격을 지닌 향지성(向地性) 운행이 요구하는 **새로운 달력**을 가정했다.

---

6) (*) 프랑스 역사가이자 작가 (1798~1874).

페레르 형제나 레셉스 가족의 스승인 생-시몽 백작은 이렇게 기술한다. “지구는 우주에 속해 있다. 지구는 시계 속에 갇혀 있는 진자와 같으며, 진자 운동을 받아들인다. 인간은 자신이 살고 있는 지구에 속해 있다. 그는 큰 시계 속에 갇혀 있는 진자 속에 갇힌 회중세계와 같다.” 생-시몽의 제자들이 허용하는 운송과 전달의 가속은 자체하지 않고 큰 시계 · 진자 · 회중시계를 고장낼 것이다. 미슐레에 열중해 있는 사람들은 오래된 달력의 계절들과 모든 아침을 적당히 얼버무렸으며, 시베리아 횡단 철도 속에서 상드라르는 **기차가 앞서가고 태양이 늦게 가기 때문에** 회중시계의 시간을 맞추었다. 새로운 운동량을 만들어내는 동력의 혁신은 **시간이 조금씩만 허용하는 것을 단번에 제공하는데**(모랑), 이러한 혁신은 물리학의 법칙에 따르면서 생-시몽의 시계에 사로잡혀 있는 존재로서가 아니라 그 반역자와 반순응주의자와 탈주자로서의 지구인들에게 지구를 다시 구경하는 습관을 갖게 할 것이다.

19세기의 사람들은 느린 속도로 전개되는 물질생활의 조건들에서 벗어나기 위해 그리고 지상에서 머무는 시간을 끝까지 이용할 수 있을 인생행로의 사치스런 시간을 유지하기 위해 기술적 수단들을 거의 마음대로 사용하지 않았다.

‘기관차 왕후’라는 별명이 붙은 오스트리아-헝가리의 엘리자베트는 케르키라에서 베니스와 카르파티와 리비에라 연안까지 가면서 매년 거의 300일 자리를 떴다… 그러나 이 끊임없는 철도 수송은 무거운 신체에 대한 생리학적 혐오로부터 그녀를 치료하는데 충분하지 못했다. 따라서 이번에야 말로 그녀는 키 1미터 72에 50킬로그램 이상 나가지 않고 나중에 일반화될 수 있는 어떤 양식을 만들어내면서 우유와 오렌지의 식이요법과 완전한 단식을 따를 것이라고 결심했다.

1843년 앙리 엔느는 이렇게 기술했다. "철도를 통해 공간은 파괴되었고, 우리에게는 시간밖에 남아 있지 않다. 만약 우리가 적절하게 이 시간을 이럭저럭 보낼 만큼 충분한 돈을 갖고 있다면!" 이 돈을 사람들은 갖게 될 것이고 풍족하게 갖게 될 것이다. 무엇보다도 관광휴양지와 해수욕장의 문제와 **지역 편중 해소**의 문제는 현실세계의 외양을 일련의 일시적인 무대 속으로 흩뜨리는 데 있을 것이다. 과학적 · 산업적인 물질주의를 통해서 자연을 **실행에 옮기는 것**과 비교하면, 국제적인 엘리트에 의한 자연을 **연출하는 것**이 있을 것이다. 이 두 유토피아 중에서 후자는 가장 까다로운 것일 것이고 결국 우리가 알고 있는 현재의 사회—식민지 황폐화의 최종 형태, 즉 식민지의 해방을 겪으며 살아남은 내적 식민지화—를 산출할 것이다.

해안에 그리고 산꼭대기 가까이 있는 이 마지막 문명의 최초의 선택된 장소들은 줄리앵 그라크의 전사들—원주민들의 노동에서 자신의 생계를 끌어내면서 그리고 그들의 풍속과 믿음과 충돌하면서, 익숙해진 위기에 처한 물질적 근심으로부터 해방된 채 국경을 배회하는 사람들과 처참한 모습을 보면서도 한가롭게 거니는 사람들—의 허무주의적인 거처와 아주 닮았다. 오늘날 국제 관광은 대개의 경우 비참하고 적대적인 지역에서의 전초(前哨)[7]와 유사한 바캉스 클럽이나 호화로운 건물의 배치와 함께 이 식민지 폭력을 되살아나게 한다.

그러나 빠른 배가 없으면 식민지 상관(商館)이 없고, 철도가 없으면 중요한 관광 휴양지가 없으며, 자동차와 비행기가 없으면 산업관광과 세계관광도 없다는 사실을 잊지 말자. 언뜻 보기에는 흘러가지 않는 시간이 되풀이 되는 느낌, 즉 **지루함**이 본래 같은 것만을 만들어내고 변함없이 반복되는 동력과 기계 속에서 자신의 위안을 찾는 것은 역설적이다. 동력으로 정확하게 가능한 유일한 변화 능력, 즉 **가속**을 통해 이 딜레마를 해결하지 않는 한 말이다. 그러나 동력의 속도에 관한 이 문제는 그 자체 속에 자신의 한계와, 엔느가 지적했듯이 **속도를 통해 시간을 끝까지 이용하는 데서** 기인하는 특수한 **지루함**을 내포한다.

이러한 이해는 이 마지막 문명의 **선택된 장소**들이 19세기부터 **분출의 장소**이고 관광 휴양지의 경우에 지구의 불안정한 균형 속에서 끊임없는 변화를 필요로 하는 산꼭대기와 해안들임을 설명하는 것처럼 보인다. 1920년대 경 폭풍우가 몰아치는 어느 날, 처음으로 대양을 본 젊은 하녀는 밀물의 힘 앞에서 넋을 잃었다. "저것 전체를 움직이게 하기 위해 그 안에 정말 엄청난 동력을 갖고 있음에 틀림없어요!", 하고 그녀는 안주인에게 말했다.

---

7) (*) (적진 가까이에) 군대가 주둔할 때, 경계 임무를 띠고 그 전방에 배치되는 작은 부대, 또는 그런 초소.

낭만주의적인 요소가 없는 바다의 자연력은 젊은 여자에게는 움직이는 거대한 기계의 형태로 나타났다. 그것은 그녀의 판단이 옳았던 점이다. 왜냐하면 바다(그리고 산)는 고전적 — 운동학적이고 역동적 — 기계의 중요한 영역들을 자연 그대로 보여주기 때문이다. 다시 말해서 대양은 물체를 허울뿐인 무중력 상태에 놓이게 하고 무거운 기계를 빨리 이동시킬 수 있기 때문이다… 산의 경사와 절벽은 자유 낙하와 미끄러짐의 고속을 야기한다. 우리가 건강보다 고유한 신체의 불확실한 해방을 되찾는 것은 지질학적 풍경의 운동성을 통해서이다. "사람들은 바다에서 탄생과 죽음의 차이를 매우 잘 느끼지 못한다"고 배우 클라우스 킨스키는 말했다.

실제로 거기에서는 우주의 속도(혹은 속도 표시) 개념에서 생겨난 새로운 물질주의가 문제였다. 즉 **18세기**부터 포화와 증기기관은 물리학과 '자연 철학'을 변화시키면서 역사를 휩쓸었다. 위대한 라자르 카르노의 아들인 물리학자 사디 카르노는 1824년 열역학을 예고하는 불의 동력에 관한 깊이 있는 책을 출판했는데, 그의 이론은 20세기에 지구와 지구 생물권에 대한 **역학적 비전**, 즉 지구의 생태계에 도달하기 위해 물질 · 공간 · 시간에 관한 학문 전체를 뒤집어 놓았다…

미국의 개척 정신이 "인간 이주의 역사에서 악착스럽게 사용할 수 있는 공간을 소비하"는 데 있다고들 했다. 그러나 전세계에 퍼져 있는 엘리트는 누구나 이주 장소나 버려진 작업장에 불과할지도 모를 지구에서 자기 생활환경과의 모든 생산적 관계를 상실했던 인간의 유용성에 관한 중대한 물음과 함께 오늘날 살아가고 있다는 이 악착스러움을 예상했다. 프롤레타리아의 세기에 관광 휴양지는 사전에 일관성 없는 운동과 함께 필연적으로 동기 없는 행위를 찬양했다.

해변놀이들은 대개의 경우 내향적인 상징적 기능 — 요트·폴로·골프·테니스… 지수 함수적으로 전개될 수 있을 많은 식민지 거주민이나 원주민의 스포츠들 — 을 지닐 것이다. 왜냐하면 그것들은 연장되는 시간을 죽이는 것 이외에는 아무런 도움도 되지 못할 것이기 때문이다. 사람들은 여전히 **휴양지**라는 말의 다면성을 주목해야 할 것이다. 휴양지는 확장되고 있는 마을들이나 사람들이 정착하러 오는 새로운 도시들이 아니라 일반적으로 이동하는 중에 일시적으로 머무는 곳이다. 사람들은 우선 그 곳에 1년 혹은 2년, 그리고 나서 (성수기 혹은 비수기의) 시즌 동안 머물기 시작한다. 운송이 가속화되면 "경관의 가치를 판단하"기 위해 한 달, 며칠, 주말, 몇 시간 동안 머물기 시작할 것이다…

자신의 생애가 끝날 무렵에, 플로베르는 파리 사람들이 트루빌에 "앙겡 사람들의 취향의 작은 별장과, 인조 바위로 꾸민 정원"을 가져왔다고 분개하여 항의한다… 미국과 마찬가지로 식민지에서 찾아볼 수 있을 이런 종류의 낯선 느낌을 주는 임시방편과, 교외풍 환경 보존은 단기간 유지될 것이다. 머지않아 **건축하는 것**은 **투시화**의 방식으로 **시작하는 것**일 것이다. 이 투시화의 운동학적 사실성은 19세기의 여행자에게 혹독한 시련을 겪게 했다. "샤토브리앙은

나는 사람들이 예루살렘과 아테네를 파리로"… 나중에 무어 양식의 카지노를 아라숑으로, 바빌로니아 궁전들을 코트 다쥐르로, 열대 정원들을 바 섬으로 "옮겨 놓는 것을 기대할 수 없다고 기술했다." 수많은 작품들이 여가 장소(허용된 **장소**)를 위해 쓰였는데, 이때 다양한 대중매체가 대중화해야 하는 **관대한 사회**의 규범들이 윤곽을 드러냈다… 반면 **어두운 사회가 내리쬐는 햇볕 아래 속이고 있음**을 모랑은 자신의 생애가 끝날 무렵에 증명했다. 부르주아 가정은 분열되고, 상대방의 변화는 허용되고, 간통은 매우 쉽게 받아들여진다. 신체는 옷의 무게에서 벗어나고 고르셋에서 해방된 채 노출되며, 성들 간의 신체적 차이는 줄어든다. 사람들은 움직이고 24시간 쉬지 않고 재즈 댄스를 춘다. 사람들은 열광적이고, 흥분하고, 닥치는 대로 행동한다… 80년대 사이에 로마 클럽의 회원인 카탈로니아 사람 페레 뒤란 파렐은 어느 인터뷰 중에 이렇게 말했다 "인간은 지구의 거주자이기를 멈추었다. 그는 우주의 한가운데에 있는 새로운 존재이다… 인간에게 합리적인 모든 것이 기계에게로 옮겨갈 수 있다… 그러면 그에게는 무엇이 남아 있겠는가? 우리에게는 우리의 감정 · 자유 · 모순 · 혼란 · 사랑의 욕구와, 우리가 불합리하다고 생각하는 것의 필요성이 남아 있다."

쓸데없는 일들로 가득한 할 일 없음 속에서 불합리와 비웃음 이외에 다른 무엇이 남을 수 있을까? 하지만 특히 **속도를 내는 것**이 바로 기다리는 시간을 없애는 것인데 반해, 체념하고 받아들이며 무슨 일이 일어나는가를 기다리는 것을 통제하는 기술이었던 건전한 이성에게는 무엇이 남을 수 있을까? 이 경우 인간의 두뇌를 동력에 옮기면서, 사람들은 더 이상 존재이유를 갖지 못하는, 미래를 두려워하는 인간을 해방시킬 것이다. 왜냐하면 메시지와 이미지의 즉각적인 종말 속에서, 세상 종말이라는 재치 있는 농담 속에서 모든 것이 이미 거기에 있고, 여기 지금 있으며, 현존하는 동시에 사라지기 때문이다! 변화하는 영역들이 사라진 후, **분출 장소**의 자연적인 힘은 지속되며, 극한의 문명은 **최후의 극한**의 스포츠 일 수 있을 '극단의 스포츠'를 지루함의 최종 해결책으로 제시할 수 있을 것이다. 그러나 투조 박사의 다음과 같은 말을 들어 보자. "식욕부진, 마약중독, 위험한 행동들(과속, 헬멧을 쓰지 않은 오토바이 경주, **풍속** 등)처럼 자살을 시도하는 것과 같은 행동들을 통해 개인은 자신이 유약하다는 통념을 떨쳐버릴 수 있다고 생각한다. 이렇게 **한계에 직면하는 것**은 자신의 운명을 전적으로 지배하고자 하는 고전적 환상을 배경으로 한다. 이 경우 교수법은 주체로 하여금 행동이 아닌 말을 참조하게 하는 것이다." 기술이 가속화되면서 출발과 도착—탄생과 죽음—이 못 알아볼 만큼 혼동되는 우울한 문화 속에서 의사소통과 이성으로 되돌아가는 것은 어려운 일이다. **브레이크다운**(중단-하강)이라는 영어의 표현은 고장과 추락과 함몰의 상호작용을 명백하게 나타낸다.

이제 **사람들은 더 이상 올라가지 못하고 떨어진다**. 예전에 황량한 노르망디 지역으로 몰려든 모든 연령층의 수만 명의 관광객들은 다른 곳에서와 마찬가지로 거기서 없어서는 안 되는 비디오카메라의 렌즈들 앞에서 술뢰브르 다리 꼭대기에서 허공으로 떨어지는 **천사들의 추락**을 매년 여름마다 다시 저주하곤 했다. '장대 높이 뛰기'는 **죽음에 가까운 경험**을 할 때까지 이루어지는 최종 분출의 반복되는 시뮬라시옹이다.

신경학자 디디에 뱅상은 최근에 이렇게 기술했다. "두뇌는 권태를 좋아하지 않는다. 따라서 두뇌는 스포츠・섹스・여가・마약과 함께 현실 감각을 상실한다." 신중하게 총망라된 이 목록에, 사람들은 한계 상황의 연구를 덧붙일 수 있을 것이며, 나아가 세계 내전의 예고된 시작과 사적 테러의 일반화와 함께 짐승・인간・아이의 피가 흐르는 것을 보는 쾌락을 덧붙일 수 있을 것이다.

현실 감각을 상실하는 이 다양한 방식들은 특히 생활 양식의 눈부신 발전을 나타낸다. 그리하여 기괴한 세계적인 엘리트 이후, 각자는 데뷔 훈련을 한다. 미디어가 지닌 해방의 힘은 결국 의식있는 생활을 중단시키는 빈번하고 갑작스런 시도에 이르기 때문이다. 따라서 디디에 뱅상의 견해는 피에르-에-마리 퀴리 대학의 미셸 엥베르의 견해와 비교될 수 있을 것이다. 미셸 엥베르는 재구성되거나 스스로 파괴할 수 있는 신경활동으로 **두뇌의 가소성**의 존재를 증명했다. 이 경우 신경활동은 특히 혁신과 창조의 영역에서 **지연된 행동**과 예상에 이르는 성찰을 무너뜨리거나 강화하는 주체의 감각적 경험과 본성에 따라 이루어진다.

만약 뱅상에 의해 선택된 감각을 상실하는 다양한 방식들 중에서 사람들이 경쟁의 스포츠를 택한다면, 훈련의 목표가 동작의 통시성을 감안하지 않고 동작을 동시에 맞추어 하는 것임을 알아차릴 것이다. 주체를 의혹과 주저로부터 해방시키는 현재 세계의 망각 속에서 성찰의 도움 없이 신체가 혼자 움직이는 것처럼 보일 정도로 **의식 있는 개입의 시간**을 끝까지 제한하는 것이 문제이다.

높은 수준의 스포츠맨은 생각을 모으는 데 시간을 허비하지 않는다. 그는 자기 자신에게 의견을 묻지 않고 자신의 비디오 모니터에게 의견을 묻는다. 자동차 레이스의 자동 조종과, 원격 조정되는 사이클 챔피언의 기록을 기대하면서 말이다. '질주 스키'라고 불리는 새로운 종목의 영웅인 미카엘 프뤼페르는 1992년 동계 올림픽에서 시속 229킬로미터에 도달했다. 이러한 성과를 거두기 위해, 이 새로운 초인은 르노 자동차 시험장에서 공기역학 시험으로서 자신의 옷과 자세를 테스트했다. 그는 조종석 형태의 헬멧을 쓴 채 그리고 반투명 플라스틱 피막, 즉 일종의 속도-피막 — 그는 그것이 미끄러지지 않는 한 그것에 접어드는 데 몇 시간 걸렸다 — 속에 몸이 꽉 낀 채 시험장의 트랙에 나타났다. "나의 기록은 50%의 기술에 도달해 있다. 게다가 자동차 터널 훈련은 오늘날 시대에 뒤떨어진 것이다. 이제 항공술의 공기 역학 쪽으로 나아가야 한다"고 그는 우리에게 말했다. 그리고 "나는 운동경기를 하지 않고 속도를 내어 몬다… **사람들은 생각하지 않는다. 빨리 가는 것만을 생각할 뿐이다**!"라고 그는 부언했다.

자신이 젊을 때 운동경기를 많이 했던, 앙리 드 몽테르랑은 이렇게 회상했다. "나는 축구에 동참했고 경기에 전념했다… 나는 100

미터에 전문화되었다. 그것은 바보들을 위한 경기였다. 그래서 나는 거기서 성공했다!" 축구는 거의 순간적으로 도달하기 위해 **폭탄처럼 출발하는** 것으로 여겨지는 100미터 경주자의 그것과 비교될 수 있는 의식의 상실을 요구하지 않는다. 그러나 연극인 마르셀 마레샬은 "축구는 기본적이고 너무나 얼빠진 멋진 스포츠이다. 왜냐하면 럭비와는 대조적으로, 사람들은 발로서만 축구게임을 할 수 있기 때문이다. **그리고 발은 손보다 덜 교묘하다**!"라고 평가한다.

그것은 동화촉진물질을 과다 복용한 스포츠맨들에게서 확인된다. 이러한 행위의 반복은 결국 그들의 신체적 건강을 해친다. 그것은 또한 심각한 대뇌 장애를 초래한다. 다시 말해서 자신이 있는 곳도 자기 자신도 기억하지 못하는, 세네카의 곧 죽을 사람의 그것과 비교될 수 있는 판단의 부재를 초래한다.

현실 감각을 상실하는 것은 조작된 정보를 제공받는 것이다라고 이해될 수 있을지도 모른다. 만약 사람들이 두뇌의 가소성(주체의 감각적 경험의 수와 질에 따라 재구성되거나 스스로 파괴할 수 있는 두뇌의 능력)에 관하여 미셸 엥베르가 주장하는 것을 믿는다면, 산업화 이후의 세계는 저절로 해체될 수 있을 것이며, 가공할 만한 **세계의 고통**에 의해 야기된 행위들의 증대는 신경계통의 문제를 국가의 문제로 삼을 것이다!

20세기 초에 폴 모랑이 "지나치게 일하는 사회를 경멸하는 것을 즐기는 게으른 사람들의 은밀한 사회"에 속한다고 자부하긴 했지만, 그것은 오래가지 못할 것이다. 처음의 유급휴가 직후에, 그는

「새로운 할 일이 없는 사람들을 위하여」 라는 간략한 입문서를 쓰고선 그 이전의 쇼펜하우어처럼 세계의 미래에 대해 불안해 할 것이다. 이러한 세계에서는 국가와 질서는 불행에 의해서보다 권태에 의해서 더 많이 야기된 내란을 두려워할 것이기 때문이다.

1848년의 혁명가들에게 소중한 **8시간 근무**의 요구는 영불해협에 아주 가까운 연안 방향으로 최초의 철도 연결이 이루어진 후에는 거의 생겨나지 않았다. 나중에 앙드레 프랑수아 퐁세는 8시간의 이 프로그램(8시간의 노동, 8시간의 수면, 8시간의 여가)에 대하여 이렇게 기술했다. "그것은 보수파에서 극단론자들에 이르기까지의 모든 당파들 간의 통일성을 창조하는 특이한 장점과 단점을 갖지 못한 채 혁명가의 요구의 모든 이점을 지녔다."

사실 권력가들, 즉 정치인들이나 언론인들 중에서 누가 결국 **정보조작의 은밀한 합법화**와 완전한 정보 매체 전파에 이르는 24시간 중의 16시간의 전류를 끊는 입법에 동의하지 않을 수 있겠는가.

약 40년 전에 전자파의 한계 속도에의 접근을 일반화시키면서, 텔레비전의 지나친 상업화는 **예전의 속도 계급의 소멸에** 중대한 결과를 가져올 것이다.

현대 민주주의에서 전달혁명은 이전 세기의 산업 운송혁명을 새롭게 했다. 격리상태의 기능장애 사회는 수상 도시와 철도 여행에서 생겨난 구식 도시의 기능장애 사회를 반영할 것이다. 현재 세계의 증오에 사로잡혀 19세기의 해수욕장을 자주 드나든, 우울증 · 결핵 · 신경쇠약증에 걸린 관광객들에 뒤이어 현대의 **비탄에 빠진 관**

광객들이 생겨날 것이다. 실업·아노미·가혹한 비참은 부나 질병으로 인한 할 일 없음과 비교될 수 있는 어떤 할 일 없음에 이를 것이고, 나아가 실제로 살기 힘들고 건전하지 못하게 되어 버린 익숙해진 세계로부터의 머나먼 도피에 이를 것이다.

유럽 공동체의 낙후된 지역인 사람이 살기 힘든 메조조르노 연안에 반나체로 짐도 없이 배에서 내리는 알바니아인들은 자신들이 여태껏 조롱받아 왔으며 또한 서구의 텔레비전들에 의해 보여진 낙원이 결코 존재한 적이 없다는 사실을 알아차리듯이, **비탄에 빠진 관광객들**이 있는 것이다. 이 방황하는 사람들 중의 한 명은 자신의 이주 동기에 대해 질문을 받고선 이탈리아 채널의 텔레비전에서 고양이 먹이 광고를 보았다고 말했다. 작은 동물에게 은접시에 담긴 먹이가 제공된다는 사실로 말미암아, 그는 거부할 수 없을 정도로 떠나게 되었다는 것이다. **동물들이 이렇게 대접을 받는다면, 인간들에 대해서는 어떻게 대접해야 할까**?

전(前)대통령 인드레오티는 광고를 통해 지정학의 이 새로운 방향전환에 대해 다음과 같이 답변했다. "이탈리아는 우리의 연안으로 몰려드는 수천 명의 알바니아인들을 받아들일 수 없다." 이탈리아 여행을 위해 입국한 그들은 본국으로 송환되기 전에 델라 빅토리아 수용소에 가차 없이 감금될 것이다. 그들의 마음을 달래고 그들을 공항으로 인도할 차에 태우기 위해서는, 그들의 비행기가 미국으로 출발할 것이라는 것을 그들에게 믿게 하는 것만으로 충분했다…

1993년 유네스코의 최근 보고서에 따르면, 전세계의 1억2천만명의 사람들이 자기 고국의 국경을 벗어나 살고 있다.

초인간에서 지나치게 흥분한 인간에 이르기까지

"현대인에게 가장 중요한 것은 쾌락이나
고뇌가 아니라 흥분되는 것이다."

니체

기술의 문제는 기술 **현장의** 문제와 분리될 수 없다. 실제 규모의 문제에 접근하지 않고서는 자연을 파악할 수 없는 것과 마찬가지로, 새로운 기술의 차원과 규모 결정에 관해 즉각적으로 묻지 않고서는 기술 발전에 대해 말하는 것은 쓸모없는 일이 되었다.

예전에 **상부구조**, **하부구조**가 있었다면, 이제는 제3의 용어인 **내부구조**가 고려될 수 있다. 왜냐하면 아주 최근의 나노기술에 의한 소형화는 생물공학에 의한 생리적 난입뿐만 아니라 생물의 인공수정도 조장하기 때문이다.

이미 오래 전부터 **영토**의 지리적 범위와 지구의 지층에 대한 개발에 기여한 후, 과학과 테크노 과학의 최근의 발전은 인간이라는

동물의 기관과 내장의 점진적인 개발에 이르렀다. 미소체 물리학의 쇄도가 지구 물리학의 쇄도를 완성하기 때문이다. 최근에는 길들이기의 정치적인 형태가 등장했는데, 유전적으로 변형된 동물과 사회적 행동에 예속된 인간들 다음으로 내적 요소들의 시대가 시작되는 것이다.

사실 오늘날 **최첨단 기술의 현장**은 지구나 우주의 환경의 무한대의 무한이라기보다는 인간 기관들의 생명체를 구성하는 내장과 세포들의 무한소의 무한이다.

실시간의 원격기술에 의한 기간 부재를 위해 (물리학적 혹은 지구물리학적) 모든 범위의 **실제 공간**의 상실, 보다 정확히 말해서 그 쇠퇴로 말미암아, **기술과 소형기계가 생물의 한가운데로 불가피하게 난입하게 된다**.

사실 기계적 운송에 의한 상대속도 우위의 종말과 전자적 전달에 의한 절대속도 우위의 출현으로 인해 '고유한 세계'의 범위와 지속과 함께 개별 신체, 즉 '고유한 신체'의 존재론적 특권이 청산된다. 물론 이때 고유한 신체는 기술의 공격, 말하자면 자신의 내장을 가득 채울 수 있는 생물공학의 난입과 부분적인 침입을 받게 된다.

따라서 동력장치와 송수신기와 다른 마이크로프로세서의 소형화는 이 천 년 말에 기술과 산업화 이후의 디자인 문제의 핵심을 이룬다.

산업혁명과 대중 소통수단 시대의 즉각적인 전달혁명 이후에 혁명들 중에서 아주 최근의 혁명인 이식혁명이 시작되는데, 이 혁명은 이식할 수 있는 힘과 생명체에 시뮬레이션 기술을 제공할 수 있는 힘을 지니고 있다. 마치 물리학(미소체 물리학)이 영양섭취를 변화시키는 힘과 흥분제에 맞설 준비를 하고 있듯이 말이다…

한편 아득한 옛날부터 기술의 발전은 수력시스템·운하·토목의 발명과 함께 지평선과 대륙표면의 방향에서 이루어졌다. 철도와 고속도로의 영향력은 도시의 설비, 즉 물리적 이동의 혁명이 이미 실현한 것을 완성시키는 전선이나 배선에 힘입은 **거대한 기계들**의 성과일 것이다. 이제 우리는 우리의 능력을 효과적으로 향상시킬 수 있는 마이크로 기계들에 힘입어 생물에 필요한 장비를 갖추게 할 준비가 되어 있다. 자신의 핸디캡을 극복하기 위해 필요한 장비를 갖춘 장애인이 갑자기 온갖 종류의 보철물을 과다하게 지닌 건강한 사람의 모델이 되기 때문이다…

따라서 예전에 영양섭취의 발견과 다양한 음식습관이 농촌생활과 도시생활의 혁신에 힘입은 '삶의 기술'에 이르렀다면, 오늘날에는 **화학적** 흥분제뿐만 아니라 **기술적** 흥분제의 섭취에 의한 영양섭취의 혁신이 주거환경에 아무런 영향을 미치지 못하는 행동의 변화를 조장할 것이라는 점을 강조해야 한다. 산업화 이후의 사회적 행동과 생활습관을 나타내는 메타-디자인이 산업화 시대의 대상의 형태를 나타내는 디자인을 대체하기 때문이다. 자신의 생애가 끝날 무렵에 『이 사람을 보라』에서 니체가 선언한 것을 기억해 보자. "다른 문제가 훨씬 더 나의 관심을 끈다. 신학자들에게 인간의 지위는 어떤 호기심보다 그러한 문제에 달려 있다. 그것은 바로 영양섭취의 문제이다. 이 문제는 이렇게 표명될 수 있다. 최대의 힘과 최고의 미덕에 도달하기 위해서는 당신은 어떻게 영양을 섭취해야 하는가?"[1] 이러한 물음에, 테크노 과학은 대답을 하기 시작한다. 농산물인 원기를 회복시키는 식품을 섭취한 후, 사람들은 현대적 흥분제(알코올 · 커피 · 담배 · 마약이나 동화 촉진 물질)의 유행과 함께 온갖 종류의 **화학적** 흥분제뿐만 아니라 우리의 정신력을 지나치게 자극할 수 있는 생물공학의 산물인 **인텔리전트 트로치**와 함께 **기술적** 흥분제를 먹고 소화시킬 준비를 하고 있다. 니체의 직관을 반세기 앞서 예상하면서 1838년 오노레 드 발자크가 쓴 다음의 구절에 귀기울여 보자. "모든 남용은 인간이 자연에 의해 공표된 통상적인 법칙을 넘어 되풀이 하고자 하는 쾌락에 근거를 두고 있다. **인간의 힘은 사용되지 않을수록, 더욱더 남용하는 경향이 있다**. 따라서 사회가 문명화되고 평온할수록, 더욱더 남용의 길로 들어선다—**사회적 인간에게 산다는 것은 다소 빨리 스스로 소비하는 것이다**."[2]

사람들은 우리의 포스트모더니티의 현장의 상태를 보다 잘 묘사할 수 없다. 이러한 상태에서 지나친 흥분제는 즉각적 작용을 대신하는 특히 원격작용에 힘입어 일반화가 가속되는 대도시의 정주성을 연장시킨다… 무기력, 즉 포스트모던 인간의 수동성은 공공연히 변질된 스포츠 행위에 의해서뿐만 아니라 통상적인 활동을 통해서

1) 『이 사람을 보라』, 드노엘-공티에, 1971, p. 38.
2) 『현대 흥분제 개론』, 카스트로 아스트랄, 1992, p. 22-23.

가중된 흥분을 필요로 하기 때문이다. 특히 통상적인 활동의 경우 실시간의 원격작용의 기술에 기인하는 육체적 해방은 육체적 노력처럼 육체적 기력의 전통적인 필요성을 청산한다.

결국 생명의 리듬을 재생산하고 교체할 수 있는 심장 맥박 조정기의 발명은 생물공학 혁신의 출발점의 하나가 될 수 있을 것이다. 동물기관들의 이종이식(異種異植) 이후에는 기술과 생물의 혼합인 '테크노 이식'의 시대이다. 유기적 이질성은 환자의 고유한 신체에 덧붙여진 **이물**의 이질성이 아니라 기계와 호응하여 환자를 감동시킬 수 있는 **이물 리듬**의 이질성이다.

따라서 사태가 있는 그대로이라고 어떻게 가정할 수 있을까? 심장 박동의 갑작스런 지나친 자극이 새로운 남용에 의해, 다시 말해서 너무 느리다고 생각되는 생물 박동의 다른 가속 방식의 대량유입에 의해 연장되지 않을 것이라고 어떻게 가정할 수 있을까?

사실 그것은 거의 1 세기 후에 이탈리아 미래파의 꿈을 실현하는 것이다. 말하자면 속도의 어림짐작에 의한 중대한 차이와 함께, 보이지 않거나 거의 보이지 않는 미생물-기계의 소형화의 도움으로 완전히 기술에 사로잡힌 인간의 신체를 실현하는 것이다. 마리네티가 기대한 것처럼 개인의 신체-운동을 페이스 메이커나 전기 터빈과 같은 것으로 만들면서 동력의 가속과 경쟁하는 것이 문제가 아니라, **인간의 신체를 전자파의 절대속도와 같은 시대를 살도록 하기 위해 인간의 신체에 보철물을 대려고 하는 것**이 문제이기 때문이다. 이제 영토의 실제 공간을 가장 빨리 주파할 수 있는 초강력

모터에 뒤이어 실시간의 송수신기가 등장한다.

생명의 기원부터 선발경주가 있음을 기억하자. 즉 가장 빨리 자신의 먹이를 찾을 수 있는 포식동물에게 있어서의 선발과, 생산과 분배의 가속을 발전시킬 수 없는 인간사회에 있어서의 선발이 있다. 그런데 이러한 경주와 야만적인 경쟁에서, 적수(너무 느린 동물)가 제거될 뿐만 아니라 자신의 신체의 요소들도 제거된다. 예를 들어 사람들이 체중을 줄이면 컨디션이 좋아지고, 날씬해지면 반사신경과 신경 임펄스가 호전된다… 그러나 동시에 사람들은 자연적인 영역을 보다 '전도성을 띠'게 하고 보다 직선으로 이루어지게 하면서 그것을 제거한다. 그것은 스타디움, 경마장이나 비행장의 하부구조의 발명이다. **경주장의 실제공간이 갑작스레 코스를 실시간으로 산출하기 때문이다**.

따라서 '영토'는 메신저나 스포츠맨의 '동물적' 신체처럼 엄정하게 형성될 뿐만 아니라 속도에 의해 완전히 재구성된다. 예전에 물리적 이동의 **상대속도**가 존재했다면, 오늘날에는 원자물리학적 전달의 **절대속도**, 즉 음과 열의 장벽(이 경우 경주와 생존 경쟁은 일종의 변화를 겪을 것이다) 이후 빛의 진짜 장벽인 한계속도가 존재할 것이다.

가속의 중요한 기준이 (상대성의 법칙에 따라) 초속 30만 킬로미터의 뛰어넘을 수 없는 한계에 도달했기 때문에, **사람들은 주체의 활력과 생명력을 흡수 파괴하고 생존 역학을 재구성하는, 생명체의 내부에서 계속 도태할 것이다**. 사람들은 리듬 있는 운동이나 동화

촉진제를 통해 근육의 발달이나 관절의 유연성을 유발하지 않고 새로운 기억술에 의해 감각의 재구성을 가져오는 기억이나 상상의 활력, 즉 **신경 기능을 자극할** 것이다.

역사의 이 단계에서, 선발경쟁은 신체를 경주에 매우 적합하고 민첩하게 만들기 위해 무게를 줄어들게 하지 않고 생체의 활력을 변화시키며, 나아가 **보충기관들**의 첨가를 통해 주체의 기관 내부의 빈 공간을 채운다.

마빈 민스키가 이런 형태의 생리학적 재구성을 찬양하는 것을 들어 보자. "**이것은 당신이 당신의 두뇌 속에 체계와 부가적인 기억을 이식하기 위해 원하는 모든 것을 가질 수 있을 것이라는 것을 의미한다**. 따라서 조금씩, 당신은 해마다 더 많은 것을 배울 수 있을 것이고, 새로운 형태의 지각, 새로운 방식의 추론, 생각하거나 상상하는 새로운 방식을 덧붙일 수 있을 것이다."[3)]

그리하여 신경과학의 메타-디자인은 산업적 '대상'의 구조나 하부구조를 편집하는데 집착하지 않고 행동의 구조 내부라고 불리는 최근 형태의 신경을 이완시키는 연결, 즉 일종의 **인지 인간 공학**을 실현하는 살아 있는 '주체'의 신경 전달 물질의 자극을 재생한다.

그 점에 관해서는 크로노그래픽적인 지속 시간의 부재의 우위를 위해 지리적 공간 범위의 우위의 쇠퇴에서 비롯되는 제대로 평가받지 못하는 분명한 사실을 기억하자.—신체와 신체의 활력을 즉각적 전달의 원격기술 시대와 동시에 이루어지게 하는 것은 최근 형

---

3) 「아르 프레스」, 특별 호, '새로운 테크놀로지', 1991.

태의 시간의 중심성 혹은 보다 정확히 말해서 **시간의 초중심성**, 즉 '실시간'을 말하기 위해서가 아니라 '현재' 시간을 위해서 **내적인 것**과 **외적인 것** 사이의 고전적 구별을 동시에 없애는 것이다. 물론 이 경우 이러한 구별은 결국 주변과 중심의 구별을 대신한다. 마치 수면 치료제가 깨어 있음과 기력을 되찾아 주는 휴식이 번갈아 이어지는 것을 없애듯이 말이다.

예전에 **현존하는 것이 가까이 있는 것이었다**면, 다시 말해서 대화가 목소리가 들리는 거리나 시선의 범위에 의해 가능해졌던 토론이나 마주보기 속에서 상대와 물리적으로 가까이 있는 것이었다면, 전자파 범위권에 근거를 둔 **미디어 근접**의 도래는 상대들 간의 즉각적인 접근의 가치를 사라지게 한다. 이 갑작스런 거리의 상실이 여기 지금 '저 존재'에 영향을 미치기 때문이다. 이제 사람들이 행동할 뿐만 아니라 '원격행동'—멀리서 보고, 듣고, 말하고, 연락을 취하거나 느끼는 것[4]—할 수 있다면, '신체의 이미지'를 오랫동안 손상시킬 수 없는 주체의 갑작스런 인격분열의 놀라운 가능성, 달리 말해서 개인의 자기 수용성 감각이 나타난다… 조만간에 무게 있는 덩어리에 대한 내적 지각은 '내부'와 '외부'의 고전적 구별을 동시에 청산하면서 모든 구체적인 분명한 사실을 사라지게 할 것이다. 고유한 신체의 **실시간**의 초중심(자기 중심)이 이제 고유한 세계의 **실제 공간**의 중심(외부 중심)보다 우세하기 때문이다. 이 개념은 모든 감각을 상실하면서 여기 지금 존재하고 행동하는 본질적

4) 사람들은 최초의 후각 픽업을 상세히 설명했다.

인 개념이다.

이 신기한 자기 중심 현상에 대한 설명으로서 간이식 수술을 받은 한 개인의 충고를 들어보자. "그것은 놀라운 일이다. 나의 간이 아플 때, 그것은 쓸모없는 것처럼 매우 무거워졌다고 그는 실질적으로 말했다. 그리고 간이식이 성공했을 때, 나는 나의 새로운 간을 잃을까봐 두려워했다. 그리고 그것이 나의 내장에서 떨어져 나갈까봐 두려웠다. 나는 조산을 막기 위해 갑작스런 움직임을 피하는 임신 마지막 달의 산모와 같았다."

우리는 상세하게 죽어간다고 해부학자 그자비에 비샤는 설명했다… **그러나 사람들은 정말 상세하게 살 수 있을까**? 자기 수용의 동일성과 통일성에서 해방된 채 그렇게 살 수 있을까? 우리의 환자가 쓸모없는 것(아픈 간)이나 내장에 불충분하게 통합된 이물(이식된 간)처럼 무엇인가가 자신의 몸속에 있다고 공공연하게 말할 때, 그는 동시에 질병과 치료와 이식을 특징짓는 고유한 신체의 내장 중력, 즉 일종의 생체 중력이 존재한다고 지적한다. 그것은 말하자면 만유인력에 따르는 다른 행성들 중에서 한 행성의 지리학적 범위 한가운데서, 자신의 고유한 세계 한가운데서 생명체의 외적 사실을 배가하는 신체기관 내부의 인력이다… "침묵은 바로 기관들의 건강상태이다"라고 외과의사 르네 르리쉬는 주장했다. 사실 우리 환자가 느끼는 기관 내부의 전위감은 **우리가 추락할 위험을 무릅쓰고 살아가는 세계와, 우리 내부에서 그리고 우리 없이 움직이는 세계 사이의 특이한 혼동**을 초래한다. 그것은 어떤 생리학적 완전한 상태의 세계인데, 무제한의 이러한 상태는 지금까지 평온한 삶을 보장했다.

그리하여 우리는 니체의 설명 문구를 다시 찾아낸다. 그 자신이 '전형'으로 간주되는 짜라투스트라에 관한 그의 말을 들어 보자. "이 전형을 이해하려면, 우선 그의 최초의 생리학적 상태를 이해해야 한다. **그러한 상태는 내가 좋은 건강상태라고 부르는 것이다**. 이름 없는 새로운 인간들이자 설득하기 어려운 인간들인 우리는 증명이 아직도 이루어지지 않은 미래를 위해 너무 일찍 태어났으며, 새로운 목적을 위해 새로운 수단을 필요로 한다. **나는 새로운 건강상태에 대해 말하고 싶다**. 다시 말해서 지금까지의 모든 건강상태보다 더 원기왕성하고 예리하고 지구력 있고 끈질긴 건강상태에 대해 말하고 싶다."[5)]

신체의 혁신은 아니더라도 다른 중요한 '영양섭취'인 건강상태의 혁신과 더불어, 철학자 니체에 따르면 미래의 인간은 "무엇보다 좋은 건강상태, 즉 **사람들이 지니는 건강상태**를 필요로 할 것이다. **그러나 끊임없이 건강상태를 포기해야 하기 때문에 끊임없이 건강상태를 쟁취해야 한다**."[6)] 사람들은 일관성 있는 이 말을 알고 있다. '더 많이 건강이 좋은', 즉 지나치게 건강이 좋은 사람들이 필요하다… 물론 "아무도 아직 경계를 보지 못했던 미지의 나라, 즉 **모든 나라의 경계를 넘어선 나라**"[7)]가 그 보상이 될 수 있을 사람들이나

5) 『이 사람을 보라』, p. 116.
6) 같은 책, p. 117.
7) 같은 책, 같은 쪽.

초인들이 있다.

슬프게도 경계를 넘어선 찬란한 나라는 최근에 모든 나라에 미치지 못하는 단순한 나라, 다시 말해서 고유한 세계의 지역들간의 모든 경계에 미치지 못하는 단순한 나라가 되었다… 이른바 우주 정복이라는 커다란 환상에도 불구하고, 절대 속도의 적용, '대규모'의 상대화와 무한히 작은 것을 향한 퇴화가 존재한다… 이제 은하계 밖을 포함하여 장기간 여행의 미래는 없다. 고유한 세계의 지평선의 상실은 바로 모든 범위의 상실이다. 지구 밖에서는 아무것도 '크'지 않거나 멀리 떨어져 있지 않다. 그리고 기관 내부의 내관(內觀), 즉 난입 속에서만 **원근법**이 존재한다. 생리학적 유형성은 최후의 행성이 되어 버린 동물의 신체 내부에서 갑작스레 **현장 이동** 범위의 최종 기준이 되기 때문이다.

사실 우리 생물권의 한계를 넘어선 곳에서는 이 이름에 걸맞은 **차원들**이 더 이상 존재하지 않는다. 즉 더 이상 높이 · 폭 · 깊이도, 과거도 미래도 존재하지 않고 단지 광년만이 존재한다. 말하자면 절대속도이자 최종 한계속도인 빛의 속도의 기상천외가 존재한다. 바로 거기서 흔히 말하는 **팽창하는** 우주의 확장[8]에 의한 착시가 생겨난다.

프레드 아스테어에서 마이클 잭슨에 이르기까지 지나치게 흥분

8) 칼 포퍼, 『우주의 성향』, 에디시옹 드 레클라, 1992, p. 17/5.

한 사람은 특히 니체에게 소중한 무용수들, 배우들, 곡예사들이나 신체가 점차 도구가 되는 사람들 가운데서 아주 많은 조상들을 갖고 있다. 그러나 가장 최근의 전형은 확실히 호주인 스털락(Sterlac)[9]이다. 당신은 정확하게 무대에서 무엇을 만들어내는가? 라는 물음에, 그는 이렇게 대답했다. "**나는 기술을 이용하면서 신체의 능력을 확장하려고 한다. 예를 들어 나는 의학적 기술들**, 음향시스템, 로봇의 손, 인공적인 팔을 **이용한다**. 나의 행위 속에는 네 종류의 움직임이 있다. 즉석에서 이루어지는 신체의 움직임, 위와 다리의 근육신호에 의해 조절되는 로봇처럼 만들어진 손의 움직임, 인공적인 팔의 프로그램화된 움직임, 전류에 의해 나의 의지와는 무관하게 왼쪽으로 흔들리는 팔의 움직임이 있다. 사실 이것은 나에게 흥미롭게 보이는 자발적이거나 비자발적인 프로그램화된 움직임들의 뒤얽힘이다."[10]

인간과 기술의 완벽한 결합에 정통한, 그는 '당신은 안무가인가?' 라는 물음에 이렇게 대답했다. "나는 음악이나 무용의 능력도 없다. 하지만 예를 들어 **나는 뇌파처럼 신체의 신호와 소리, 피의 흐름이나 근육의 움직임을 확장한다**. 중요한 것은 신체적 경험과 동시에

---

9) 호주의 행위예술가인 그는 "신체는 진부한 것이다"라는 신조아래 의료용 기구나 인공 보철물, 로봇공학 가상현실 시스템, 인터넷 같은 첨단과학 장비 등을 자신의 몸에 이식하거나 장착해 인간과 기계의 상호작용을 시각화하는 행위 예술을 펼치고 있다. 신체/정신 이원론이라는 데카르트적 전통의 사유에 도전하는 그는 신체란 단일한 생물학적 실재가 아닌 타인의 신체나 각종 장비와 연결된 일종의 기계라고 주장한다.

10) 『로트르 주르날』, 1992년 9월, p. 24와 다음 페이지들.

예술적 표현이다."

자신이 생리학과 철학의 시대에 살아남은 자라고 주장하는, 그는 또한 다음과 같은 설명을 한다. "나는 작업을 하는 중에 인체의 디자인에 관해 물음을 제기하기 시작했다. 내가 작업하면 할수록, 더욱더 신체가 노폐된다고 생각한다!"

"오늘날 기술은 인체보다 더 정확하고 강력하다. **우리의 공간은 더 이상 우리의 생물권에 제한되지 않는다**. 우리는 지구 밖의 공간을 향해 나아간다. 반면 우리의 신체는 오직 이 생물권으로서만 파악된다."

니체의 분석을 되풀이 하는 우리의 예술가는 해체가 언어—특히 의사소통 매체—의 해체일 뿐만 아니라 우리의 세계 지각의 기원이자 종말인 우리 생리학의 해체라고 선언하면서 자신의 설명을 연장한다. "**철학의 최종 한계는 생리학적 한계이다**. 말하자면 그것은 우리의 취약한 조직적 능력, 우리의 범(汎)미적 세계관이다… 사실 나는 기술이 인체에 난입할 때 진화는 그 한계에 도달한다고 생각한다."

전도체와 안테나로 둘러싸인 채 두 개의 레이저 아이(laser-eyes)를 지닌 우리의 자발적인 로봇은 인간이 로봇의 내부에 있게 되는 원격조종 로봇장치와 매우 유사하다. 그러나 그것은 강력한 전환을 실행한다. 왜냐하면 자신의 희망이 정확하게 전도되기 때문이다. "오늘날 기술은 우리의 피부에 잘 접목된다. 시계에서부터 인공심장에 이르기까지, **그것은 우리 신체의 구성요소가 되고 있다**. 나의 관점에서 보면, 그것은 수백만 년에 걸쳐 자연선택을 통해 이루어진 유기적 발전으로서 다윈의 진화 개념의 종말이다. 이제 나노기술과 함께, 인간은 기술을 받아들일 수 있다. 따라서 신체는 하나의 '구조'로서 간주되어야 한다. **오직 신체의 구조를 변화시킴으로써만 세계에 대한 우리의 인식을 수정할 수 있을 것이다**."

자연적 외양을 벗어난 고유한 신체의 분출을 열렬히 바라는, 그는 그 후에 천사의 타락의 주제를 되풀이 한다. "신체가 기술의 힘과 정확성에 사로잡힐 때, 그리고 신체가 지구 밖으로 내던져질 때, 더 이상 '언어'가 문제되지 않고 신체의 '구조'와 생리학이 문제될 것이다."

"하지만 당신은 미래의 이브를 창조하는가?" 라는 물음에, 그는 다음과 같이 반박한다. "그것은 그렇게 단순한 일이 아니다. **나의 관점에서 보면 맨 먼저 말이 존재한 것은 아니다**!" 내가 권하는 것은 공간을 우리의 신체에 맞추는 것이 아니라 그와 반대로 우리의 신체를 개조하는 것이다. 따라서 문제는 **어떻게 전지구적인 인간 생리학을 형성하는가**이다.

결국 신체와 만유인력에서 해방된 지구-인간, 나아가 탈진화론적이 되어 버린 인간 유형의 정언적 명령에 도달하려고 애쓰는 스털락은 다음과 같은 이야기를 계속한다. "달리 말하면 대기·중력·전자장의 다양한 상태 속에 존재할 수 있는 인체를 어떻게 개조해야 하는가? 라는 물음을 제기해야 한다."

대부분의 우주 비행사들처럼 은하계 밖으로의 여행에 열광하는,

스털락은 미래의 탐험이 광년으로 평가되기 때문에 가능한 조건은 파우스트적인 불멸의 탐구를 통해서가 아니라 **지구를 넘어선 지능의** 필요한 **확장**을 위해 삶을 연장하는 것이라고 설명한다.

한 번 더 말하지만, '세계 밖으로의 위대한 여행'에 대한 이국적 욕망은 내적 세계, 즉 내장의 세계의 내부에 기술이 난입하는 것에 대한 알리바이에 불과하다. "**우리는 인체의 내부를 도려내어 새로운 기술을 통해 쓸모없는 기관들을 대체할 수 있다**. 예를 들어 만약 사람들이 호흡하고 광합성에 성공할 수 있으며 햇빛을 영양물로 변형시킬 수 있는 새로운 피부를 지닐 수 있다면, 무슨 일이 일어나겠는가? 이러한 '피부'를 지닌, 우리는 씹기 위한 입, 삼키기 위한 식도, 소화시키기 위한 위나 호흡하기 위한 폐도 더 이상 필요하지 않을 것이다"…

몇 년 전에 마빈 민스키가 제안한 내적 공간의 흡수 파괴라는 개념이 이미 성공을 거둔 사실을 주목할 수 있을 것이다. 이제는 먼 지평선이 없기 때문에 대체 지평선이 존재한다. 즉 우리의 무게 있는 덩어리의 두께는 우주 덩어리처럼 팽창된다. 이는 산업화 이후의, 특히 생물의 '탈진화적'인 새로운 설비를 허용하기 위함이다. "**새로운 전망은 신체가 소형화된 합성 인체에 의해 점령될 수 있다는 것이다**. 반면 사전에 기술은 신체를 둘러싸고 신체를 외부로부터 보호하는 데 만족했다."

사람들이 이해하고 있듯이 점령 계획—내부 점령계획—은 환자의 신체를 치료로 보살피는 것이 아니라 그것을 '원료'로 변형시키고 지나치게 흥분한 사람을 실험용 쥐로 만드는 것이다… 정신착란 증상의 종말에 귀를 기울여 보자. "도구들은 항상 인체 외부에 있었다. 그러나 이제 기술은 신체에서 멀리 떨어져 폭발하지 않고 신체의 내부에서 내파한다. 이것은 매우 의미심장한 것이며 우리 역사의 가장 중요한 사건일지도 모른다. 즉 **그것은 기술을 다른 행성들을 향해 보내는 것이 아니라 기술을 우리의 신체에 접근하게 하는 것이다!**."[11]

사람들이 잘 관찰하듯이, 전환은 완전하다. '지구 밖으로의' 해방이라는 구실로, 테크노 과학은 무중력 상태의 **지구-인간**에게로 달려든다. 그리고 아무것도 실제로 윤리도 생물정치적인 도덕도 옹호하지 못한다. 우리의 자연적 생물권에서 벗어나지 못하기 때문에, 이미 매우 자주 그랬듯이, 사람들은 훨씬 더 많이 접근할 수 있는 행성, 다시 말해서 영혼 없는 신체의 행성, 즉 세속적인 신체의 행성을 점령할 수 있을 것이다. 이것은 동물・노예나 옛날 제국의 식민지 피지배자들의 신체이 공간을 계속 악용했던 의식 없는 과학의 관점에서 보면 그러하다. 사실 예전에 사람들은 예속된 존재의 원자물리학적 깊이와 두께를 훨씬 더 엄밀하게 통제하지 않은 채 지구물리학적 범위를 지배했다. 여기서 예속된 존재의 이러한 깊이와 두께는 종들의 예속화, 전사와 하인의 행동을 리드미컬하게 길들이기, 연속작업을 하는 노동자의 소외, 스포츠맨들에게 부과된 동화 촉진제 등이다. 이러한 예들은 모두 다 아주 최근의 계획을 설명하

11) 같은 책, p. 29.

고 있는데, 우리의 호주인은 분명히 이 계획의 추진자가 아니라 오히려 희생자이다. 다시 말하면 자신의 지배자에 의해 타락한 존재가 매우 자주 그러하듯이 동의에 의한 희생자이다. 유럽에서 **인종청소**에 대한 이야기가 있을 때, 내부를 도려낸 생물의 내장 검사는 신경과학에 의한 강한 내생(內生) 지배의 가능성을 우리에게 알려주었다. **인지 인간 공학**이 이미 조건 반사의 엄격한 훈련인 인간 디자인의 최근 유형, 즉 개념적 또는 지각적 능력에 의한 메타-디자인을 발전시키기 때문이다. 물론 이때 정보과학의 지배는 새로운 종류의 '내의'를 만들어내면서 의복과 제복을 파악하지 못하는 환자의 신체에 영향을 미친다. 여기서 신경반응의 편집은 끝나가는 산업시대의 소비대상의 디자인을 대신한다.

과학과 기술의 역사의 정확한 지점에 이른, 다윈의 생물진화 문제는 다른 의미를 지닌다. 이것은 진화론의 논쟁이 종교적 또는 철학적인 어떤 해석의 행위일 뿐만 아니라 몽펠리에 대학의 루이 탈레르 교수처럼 진화과학의 옹호자들의 행위이기도 하기 때문이다. "인간이 오늘날 내가 **선택의 느슨함**이라고 부르는 것의 영향 아래서 진화하는 것은 이론의 여지가 없는 것처럼 보인다. 이러한 현상은 진보의 영향, 특히 의학의 영향이다."[12)]

보철술이 인간의 신체에 밀려들어 올 때 진화론의 쇠퇴에 관한 스털락의 논증을 되풀이 하는, 탈레르 교수는 다음과 같은 이야기

12) 「리베라시옹」, 과학관련부록, 1990년 12월 12일.

를 계속한다. "야생식물 채취와 사냥으로 생활하는 미개한 원주민들에게 좋은 시력은 좋은 청력과 마찬가지로 **생존의 요소**이다. 그것은 안경이나 보청기를 통해 결점을 교정하는 현대인에게는 분명히 사실이 아니다."

그리고 유전적 돌연변이의 중요성을 재검토하는, 그는 이렇게 분명히 말한다. "**돌연변이는 진화의 기초이다.** 우연의 결과인 돌연변이는 통계적으로 매우 자주 불리하고 장애자가 되게 한다. '좋은' 돌연변이들 사이의 간격은 따라서 좁다. 그런데 현재까지 자연선택의 강한 압력의 상태 속에서 좋은 돌연변이는 '나쁜' 돌연변이보다 항상 우위에 있었다. 그것은 오늘날 돌연변이들이 점점 더 별 차이가 없는 경우가 아니다."

바로 여기서 '생체의 은밀한 피로', 즉 인공적인 환경 속에서 선택 압력의 중요한 느슨함이라는 개념이 생겨난다. 물론 이 경우 '기술권'이 '생물권' 보다 우세하다.

오늘날 진화과학과 적자생존 선댁의 옹호자가 되었던 사람들을 통해 생존력을 부인하는 것을 목격하는 일은 매혹적이다…

이제 이 유물론적 비관주의에 대한 설명을 들어 보자. "선택의 이 느슨함은 언제나 매우 많은 건강 비용을 초래하는 **점점 더 많은 보철물**을 지닌 인간과 생식에 따라 유전적 결함의 축적을 예상하게 한다."

이 확인된 사실이 실제로 전문가들에 의해 확실해진다는 것을 기억하자. 사실 전문가들은 2000년에 외과수술의 절반이 이식과 보철물 설치에 할애될 것이라고 예상한다.

"우리의 출산에서 조산아들의 구원은 개체군 속에 제거되는 경향이 있었던 돌연변이를 도입하게 될 것이라고 루이 탈레르 교수는 설명한다. 따라서 진화의 현재의 데이터로, **인간의 상대적 퇴화가 장기간 예상될 수 있다**. 물론 인간의 퇴화는 상대적이다. 왜냐하면 이 '비선택'은 인간의 일반적 특성을 거의 변화시키지 못하기 때문이다. 그것은 특히 **인간에게 자신의 환경과 균형을 이룰 수 있게 하는** 어떤 범위 안에서 유전형질의 매우 큰 상이성을 초래한다."

따라서 우리는 '자연' 선택의 정지와 '생태' 불균형의 정지 사이의 일종의 해석의 일치에 직면해 있다… 이때 불균형은 자연 환경을 구성하는 실체의 특성인 인간 주거 환경뿐만 아니라 '고유한 신체'와 '고유한 세계' 사이의 조절 형태까지도 영향을 미친다. 몽펠리에 대학의 진화과학 연구소장의 말을 들어 보자. "**자연선택은 진화의 동력이기 전에 안정성의 요소이다**. 자연선택은 평균수준의 다양한 전형을 제거하기에 이른다. 의학에 의해서뿐만 아니라 기술권의 발전에 의해서도 허용된 자연선택의 느슨함과 함께, 이 메카니즘은 대부분의 돌연변이와 유전적 기형에 여지를 남기면서 약화된다."

이러한 견해의 반향과 자신의 발언이 담고 있는 우생학적 해석의 위험을 의식하는, 탈레르 교수는 이렇게 분명하게 말한다. "나는 예상할 수 있는 '상대적 퇴화'가 신체의 영역에서만 식별 가능하다고 주장한다. 그것은 병리학적 경우에만 정신상태에 영향을 미친다. 마찬가지로 퇴화에 대해 말하면서 구원 우생학에 유리하게 작용했던 나치즘은 신체적으로 그리고 정신적으로 보다 우월한 인종의 존재를 논거로 내세웠는데, 이것은 분명히 어떤 과학적 근거도 지니지 못한다."

설사 이러한 고찰이 모든 일탈과 인종차별의 오해를 피하는 데 꼭 필요한 것일지라도, 진화론을 초월하는 문제는 고스란히 남아 있다. 사실 미래의 '초인간'이 오늘날 이미 근력의 큰 도움 없이 행동하고 이동하는 보철물 **설비를 갖춘 지체부자유자**처럼 신체적으로 이동하지 않고 자신의 환경을 통제하는 **과다한 설비를 갖춘 건강한 사람**이라면, 진화는 테크노-과학적 단계로 들어간다. 이것은 자연선택의 전문가가 우리에게 분명히 말하지 않는 사건이다. 반면에 실패로 확인된 사실로 인해 '우월한 인종'은 아니더라도 '우월하게 설비를 갖춘 종'의 우발성이 갑자기 다시 도입된다. — 이것은 요컨대 정치인들이 서구의 비약적 산업발전 이후로 경제적 · 사회적 발전이라고 불렀던 것의 실현이다. 진화를 깊이 숙고하는 가운데 모든 우생학적 변동을 피하기 위해 '생리적인 것'과 '사회적인 것'을 고려하는 것이 극히 중요하다 할지라도, **사회학적인 것**에서 **기술적인 것**의 문제가 도출될 수는 없다. 이때 우리는 생물 나노기술이 미래의 생물공학을 투영하듯이 표면 보철물 첨가에 의해서이든 우리의 기관내부의 보철물의 난입에 의해서이든 일종의 기술적 보수주의의 전제들, 즉 기대하던 인체의 재구성에 직면한다.

만약 다윈의 견해에 따라 자연선택에 이를 수 있는 자연환경(생물권)이 조절하는 압력이 존재한다면, 인공적 환경(기술권)이 행사하는 압력 역시 존재한다. 도시 정착민의 무기력한 행동은 보잘 것 없는 것이 아니기 때문이다.

사실 실시간으로 기능하는 상호작용의 보철물로부터 환경을 통제하는 문제는 이미 평가절하된 지리적·영토적 집단의 설비와 관련되지 않고 하부구조에 의한 인간의 동물적 신체의 설비와 관련된다. 우리가 앞서 보았듯이, 페이스 메이커는 존재하고 오랫동안 인간의 상징적인 대상으로 남을 것이다. 인간의 힘이 존재의 리듬과 활력에 영향을 미치는 한 말이다.[13)]

자유의 문제는 따라서 신경과학처럼 테크노 과학의 문제의 중심에 있다. 개인은 어느 정도로 감각의 무질서에서 벗어날 수 있을까? 그는 어느 정도로 자신의 감각으로 인한 갑작스런 지나친 흥분 앞에서 자신의 거리를 유지할 수 있을까? 미래에는 소유나 상실의 현상인 어떤 새로운 형태의 의존이나 익숙해짐이 문제가 될까?

문제는 고스란히 남아 있지만, 그것이 습관과 행동의 메타-디자인과 직접 관련된다는 사실은 고려될 수 있다. 왜냐하면 이 문제는 환경조건과 무관한 실제로 메타-신체의 실제 크기의 실험과 경험을 거친 인간을 수용하기 때문이다. **실제 공간**—고유한 세계의 범위뿐만 아니라 개인의 고유한 신체의 두께—이 **실시간**의 자극, 즉 생체리듬에 뒤이어 오는 나노기술에 의한 지나친 흥분을 위해 자신의 중요성을 점차 상실하는 한에서는 그러하다.

---

13) 1992년 가을 바로셀로나에서, 쌍둥이 자매 마리와 테레즈가 태어나자마자 페이스메이커가 이식되었다.

몇 가지 질문을 덧붙여 보자. 진화의 예고된 쇠퇴로 인해 우리는 자연선택을 테크노 과학의 발전의 결실인 일종의 **인위적** 선택 쪽으로 이끌어 가고 있는가? (물론 이때 걸어 다니는 인간의 **신체**는 그것을 대신할 수 있는 **형이상학적 신체**의 출현을 위해 자신의 유용성을 서서히 상실하게 될 것이다.)

예를 들어 우리는 지난 세기에 기계-도구의 비약적 발전과 더불어 기술이 노동자의 근력을 대체하기 시작한 것을 이미 목격하지 않았는가?

예전의 기업에서 일하는 고통받는 인간의 '기술적' 실업을, 우리는 낡은 것으로 간주되는 그리고 에너지를 공급하는 성능이 매우 불충분한 것으로 판단되는 어떤 생체기관들의 어쩔 수 없는 실업으로 대체할 것인가?

'프롤레타리아' 역사를 폐기한 후, 우리는 미래에 기관 내부의 나노기술의 위업 앞에서 결국 시내에 뒤진 것으로 간주되는 인간 생리학의 정지 상태와 배척을 목격할 수 없을 것인가?

점점 더 인공적으로 되어 가는 지구 환경의 요구와 공해의 불길한 결과—그 폐해로 인해 자주 예전의 '야외생활'이 금지된다—앞에서, 우리는 전통적인 믿음에서 비롯된 신에 대한 기대에 결부되지 않고 테크노 과학의 진짜 보수주의, 즉 왜곡된 과학의 '테크노숭배'에 결부된 새로운 형태의 근본주의의 탄생을 목격할 수 없을 것인가? 그런데 이 왜곡된 과학의 폐해는 오늘날에는 더욱더 상상할 수 없는 불관용에 이르는 양심 없는 과학의 힘의 의지인 종교적 환상의 폐해보다 더 심할 것이다. 특히 이러한 폐해는 왜곡된 과학이 종의 어떤 특성들(성, 인종 혹은 종교)을 공격하지 않고 완전히 **지나치게 흥분한** 인간이 희망하는 구세주 도래에 의해 결국 신망을 잃은 '자연적' 생명력과 생물을 공격하는 한에서는 그러할 것이다…

만약 상황이 이러하다면, 우리는 니체의 논리의 역전과 반전을 목격할 것이다. 철학자 니체의 말을 들어 보자. "인체 전체에서 최소의 기관이 느슨해지고 자기 보존과 **자신의 고유한 힘**을 매우 확실하게 하지 못하면, 전체는 곧 퇴화한다. 생리학자는 퇴화한 부분의 절제(ablation)를 요구한다. **그는 퇴화한 것과의 모든 연대성을 거부하며, 그것을 동정하는 것과는 거리가 멀다**. 그러나 사제는 정확히 말해서 인류 전체의 퇴화를 바란다. 이러한 이유 때문에 그는 퇴화한 것을 보존한다."[14)]

'과학'이 인류 진화의 퇴화를 예고할 때 무엇을 말할 수 있겠는가? 새로운 신체, 즉 우리의 자연적 생리학에 의한 기관들보다 더 효능 있는 교체기관들로 구성된 메타-신체를 위해, 과학이 새로운 **신성함**이 없기 때문에 새로운 **건강**을 탄생시키는 새로운 종류의 '성직'을 맡는 것 말고는 무엇을 말할 수 있겠는가?…

『이 사람을 보라』의 결말에서 니체는 다음과 같은 결론을 내렸다. "결국, 그것은 좋은 사람이라는 개념 속에 존재하는 가장 끔찍

14) 『이 사람을 보라』, p. 110.

한 것이다. 사람들은 허약하고 병들고 발육이 늦은 모든 것, 그 자체로 고통을 겪는 모든 것, 사라져야만 하는 모든 것을 편든다. **선택의 법칙은 거부된다**. 자존심이 강하고 곧은 사람, 미래를 보장하는 확신으로 가득 찬 사람에 대한 반항으로, 어떤 이상이 창조된다. 이 사람이 악인이 된다… 그리고 도덕의 이름으로 그 모든 것을 믿게 된다."[15)]

이 **자연선택의 법칙**이 존재의 초월성에 대한 유일한 믿음에 의해서라기보다는 오히려 **인위적 선택의 법칙**, 즉 선과 악을 넘어서 신비적이 아닌 기술적인 보수주의 갑작스런 도래에 의해 거부될 때, '좋은 건강'을 지닌 니체의 극복한 인간에게는 무슨 할 일이 남아 있겠는가? 머지않아 생물공학에 의한 초생명력의 생산은 '초인간'의 철학의 토대를 재검토하지 않겠는가?

디자인의 생성 문제 혹은 보다 정확히 말해서 '산업화 이후의' 메타-디자인의 생성 문제는 자신의 토대, 즉 자신의 메타-신체적 토대를 발견할 것이다. 지난 세기의 진화론적 초인간에서부터 다가오는 세기의 탈진화론적이고 지나치게 흥분한 인간에 이르기까지는 극복해야 할 난관, 즉 탈과학적 반계몽주의의 암흑을 향한 난관만이 있었다.

"인간은 전진한다. 다시 말해서 인간은 종(種)에서 지나친 종으로 나아간다"고 니체는 주장했다. 생물과 생체의 영역에서 사람들

15) 같은 책, p. 167.

은 건강상태의 진보를 목격할 수 없는가? 사람들이 오래 전부터 무생물과 기계를 가속화했듯이, 스포츠 행위는 생물과 살아 있는 사람을 가속화하는 '탈근대적' 시도를 나타내는 것이 아닌가?

수명의 연장에 관한 한, 이러한 물음들에 사람들은 그렇다 라고 대답할 수 있다. 약 1세기 전부터 사람들은 실제로 '양적인 것'을 개량할 줄 알았다. 인간의 평균 수명이 소위 '선진'사회의 인간에게 있어서 약 50세에서 70세 이상으로 옮아갔기 때문이다. 그리하여 국민건강의 그럴듯한 핑계 아래 순간적으로 우생학으로 되돌아가게 된다. 유전 연구의 '악마적 성격'을 폭로하는, 피에르-앙드레 타기에프는 이렇게 표현한다. "**사람들은 모두를 위한 건강상태의 범위의 반영에 근거한 우생학적 요구를 관찰한다.**"[16)]

우리는 국민건강의 보존보다는 국민건강의 지속적인 향상에 관심을 갖는 이데올로기, 즉 새로운 형태의 **위생 이데올로기**의 최근 진화에 관하여 물음을 제기해야 한다. 즉 사람들은 재화나 약의 소비와 안락을 통해 **보다 잘 살기**를 원할 뿐만 아니라 식품과 다소 자극적인 다른 화학제품들을 대체할 수 있을 생물공학 제품의 섭취를 통해 **보다 강하게 살기**를 원한다. 다시 말하면 삶의 신경 강도를 발전시키기를 원한다.

실제로 '건강이 좋아지'려면, 사람들은 끊임없이 흥분제를 투여하고 인위적으로 지나치게 흥분해야 하는가? 높은 수준의 스포츠

16) 「르 누벨 옵세르바퇴르」, 1992년 11월 19일 호, 피에르-앙드레 타기에프의 인터뷰.

맨들이나 극단의 스포츠 애호가들처럼 그렇게 해야 하는가?

생물학자에게 **자극 반응성이 살아 있는 세포 조직의 근본 특성**이라는 점을 기억하자… 장차 생리학자에게 지나친 자극 반응성은 **생물**의 근본 특성들 중의 하나가 될 것인가? 존재하는 것이 흥분하는 것이라면, **살아 있는 것은 속도로 존재하는 것이다**. 다시 말해서 기술이 동물의 종을 위해 그렇게 할 줄 알았듯이, 기술에 의해 증가하고 향상되는 신진대사의 속도로 존재하는 것이다.

육체적 노력의 경제적 사용을 고려하여 — 그리고 통상적 제스처 전체로 확장된 안락의 일반화된 발전을 고려하여 — 인간의 근육활동을 제한했던 **최소작용 법칙**의 폐해 이후로, 우리는 이제 인간행동의 **에너지 변화** 같은 것을 목격할 수 있을 것이다. 운송과 즉각적 전달을 위한 다양한 보철물 사용을 통해 수동적이 되고 무기력해진, 인간은 더 이상 육체적 노력을 아끼는 필요성을 파악하지 못할 것이다. 그리하여 전도된 의미의 새로운 법칙이 출현한다. 왜냐하면 이 경우에는 생물을 동력, 즉 **끊임없이 가속하는 기계**로 취급하는 것이 문제가 되기 때문이다.

따라서 운송과 전달의 발전과 동시에 이루어지는 지구 물리학적 공간의 개발 시대의 예전의 '최소작용 법칙'에 미소체 물리학적 이식혁명 시대에 보다 잘 맞는 법칙이 덧붙여질 것이다. 그리고 이러한 이식혁명은 **생물의 반사와 자극의 증대하는 가속화를 촉진시키는 것**을 목표로 삼을 것이다.

현대 테크노 과학의 발전이 지구 중력에 따르는, 그리고 자신의 질량과 생리학적 밀도에서 비롯되는 신경과 근육의 피로에 따르는 개인의 노력을 아끼려는 필요성에 의해 조건 지어진다는 사실을 기억하자.

최근 전통적인 삶의 조건을 해방시키는 절대속도의 사용에 이른 원격작용의 원격기술은 육체적 노력에 기인하는 수고의 줄임을 개선하는데 만족할 수 없으며, 즉각적 신체활동을 할 수 없는 개인의 무기력과 증대하는 수동성에서 비롯되는 욕구불만과 불만족을 없애야 한다. 그리하여 환자의 인체를 **지나치게 흥분시키**는 동시에 **진정시키**려는 의지가 생겨난다. 달리 말하면 어떤 기계의 운전-동력이 이미 프로그램화 되었듯이, 신경활동과 지적 활동의 강도를 '프로그램화하'려는 의지가 생겨난다.

머시 커닝햄의 말을 들어 보자. "전자음악의 출현은 나에게 모든 것을 바꾸어 놓았으며 춤에게도 모든 것을 바꾸어 놓았다. 왜냐하면 그때까지 음악적 템포는 무용수에게 헤아리는 것을 강요했기 때문이다. **리듬은 무엇인가 신체적인 것, 무엇인가 근육적인 것이었다. 그러나 전자음악은 근육이 아닌 신경과 관계가 있다. 전기를 헤아리는 것은 어려운 일이다**!"[17]

그러나 이제 환경의 통제, 달리 말하면 '내부'와 '외부' 사이의 고전적 구별의 소멸로 되돌아가자. 이것은 실시간과 실시간의 실제 지속의 부재를 위해 중요한 실제 공간 범위의 쇠퇴와 관련된 소멸이다.

---

17) 「리베라시옹」, 안무가의 인터뷰.

'열린 체계'를 필요로 하는 것에 합의하기 전에, 물질의 제3의 최종상태, 즉 질량과 에너지를 감안하지 않고 오늘날 일반화되는 경향이 있는 **정보의 개념**으로 되돌아가는 것이 유용하다.

제2차 세계대전 동안 벨 코퍼레이션의 기술자들은 **관찰할 수 있는 물질적 크기**를 발명하는데, 그것의 활용은 보다 나은 전달을 확실하게 했다. 사람들은 그것에 정보라는 이름을 붙였다. 사이버네틱스의 아버지인 노베르트 비에너는 있는 그대로가 아닌 것을 통해 정보를 이렇게 정의했다. "**정보는 질량도 에너지도 아니다. 정보는 정보이다.**" 따라서 그것은 물질의 근본적인 3차원이다. 나중에, 훨씬 더 나중에 정보를 일반적인 과정으로 간주하는 최초의 사람들 중의 한 사람인 그레고리 베이트슨은 이렇게 부언할 것이다. "정보는 차이를 만들어내는 차이다."[18]

그러나 정보 중복은 매한가지이다. **입력**과 **출력**의 전통적 개념들이 '**차이들 간의 차이**'가 되기 위해 공간적·환경적 내포—논리곱 회로의 인(in) 과 아웃(out), 정보처리의 0 과 1—를 상실하기 때문이다.

따라서 구별의 논리는 자신의 기호논리학, 즉 폭력을 행사할 사이버네틱스의 기호논리학일 뿐이다. (이 폭력 없이는 이 이름에 걸맞은 어떤 정보도 존재하지 않는다.) 왜냐하면 사이버네틱스의 기호논리학은 **어떤 사건의 결과**, 힘의 관계의 반영에 다름이 아니기 때문이다.

---

18) 자크 자플렝, 『일반정보이론을 위하여』, ESF출판사, 1993, p. 21.

'나를 놀라게 하세요!'라고 디아길레프는 자신의 무용수들에게 요구했다… 쉽게 이해될 수 있듯이, **자극의 법칙**이 최소작용의 법칙을 대신하면, 역전은 완전하다. 피로와 노력을 줄이면서 건강을 지키는 것이 문제가 아니라, 정보 생물공학의 자극에 힘입어 주체의 활력의 강도를 증가시키는 것이 문제이다.

'좋은 건강'은 따라서 더 이상 기관들의 침묵에 의한 혜택이 아니다. 그것은 라이브(live) 기술의 가속화의 업적에 힘입어 도달해야 할 영역과 전망이다. 그것은 신비주의자들의 기대와 미래의 인간변모와 약간 비슷한 찬란한 미래이다. "**인간의 신체는 영혼처럼 취급되었다**"라고 라이너 마리아 릴케는 자연과 융합하려는 범신론적 시도를 위해 할애된 짧은 이야기 속에서 기술했다…

그러나 모든 사람들을 위한 좋은 건강 범위의 반영에 기초한 최근의 '전망'은 신체의 실제공간보다 실시간의 우위에 근거를 두거나 제3의 간격('속도-빛' 유형의 인터페이스)에 유리하게 '공간'과 '시간'의 고전적 간격의 중요한 파괴에 근거를 둔다.

그리하여 지금까지 존재와 존재의 환경 사이의 차이의 기초가 되었던 안과 밖, 내부와 외부의 통상적 개념들의 쇠퇴가 이미 증명되었다.

따라서 **완전한 차원**의 개념에 부과되는 눈에 띄지 않는 평가하락, 즉 최근의 신뢰상실이 보다 잘 이해된다. 왜냐하면 비평적 공간은 환경의 개념 자체까지도 폐기하기에 이르는 프랙털하고 해체적인 무한한 세분을 분비하기 때문이다… **외부는 항상 내부이다** 라고 건축가 르 코르뷔지에가 주장했다. 이제 신경과학의 전문가들은 **내부는 항상 외부이다**! 라고 주장한다. 공간은 침략자들에 의해 파괴의 위협을 받는 도시의 공간처럼 열려져 있다.

"과학의 발달에 힘입어, 우리는 철저하게 우발적이 되었다. 따라서 과학적 시각에서 어떠한 것도 우리를 지구에 집착하게 하지 않고 또한 우리를 우리의 종에 반드시 집착하게 하지도 않는다. 이러한 맥락에서, 우리는 시장 경제에 의해 되풀이 되는 그리고 특히 어찌 할 줄 모르는 우리를 발견하는 생물의학의 대단한 승리를 이해해야 한다. **우리가 우리의 '지구' 지표와 우리의 '종의' 지표를 약화시켰기 때문이다**, 라고 법학자 베르나르 에델망은 기술한다.[19)]

이 이국적인 조건 속에서 **여기 지금** 온전한 신체와 사람들의 신체, 한 개인의 활력과 특히 활발한 기관들이나 '기관 형태들' 사이의 자기 수용적 구별을 어떻게 오랫동안 유지하기를 기대할 수 있겠는가?

지구는 곧 인간의 환영지(membre fantôme)가 될 것인가?

만약 프랙털화가 범위와 기하학적 규모의 결정뿐만 아니라 신경흐름과 생물리듬의 강도에 이를 수 있다면, **어떻게 우리는 자리잡아야 하는가**? '생명윤리'의 문제가 신체공간의 분할의 문제이긴 하지만, 철학적 차원에서 그것은 달리 말하면 생명체의 특수한 시간성이라는 지속의 문제라는 점을 주목해야 할 것이다.

---

19) 『생명윤리, 도시와 시민권』, 캉 대학의 인류사회학연구소 연구지, 1993.

우리는 한편으로 신체분할과 가능하고 유익한 '기관거래'[20]의 문제를 지닐 뿐만 아니라, 다른 한편으로 생체리듬의 사이버네틱스 프로그램화의 문제를 지닌다. 마치 기계장치 분야에서 기계부품의 **규격교환**이 인체에 적용될 수 있듯이 말이다. 어떤 사람들이 인간 존재들(이나 그들의 기관들)의 **교환 가능성**과 **신체의** 가능한 **대체성**에 관해 이미 스스로 문제를 제기할 정도로, **이종이식**과 **테크노이식**이 생체의 성능을 향상시키거나 어떤 기관의 질병에서 야기된 피해를 회복하는 것을 무차별적으로 가능하게 하기 때문이다.

생명윤리와 시민권에 관한 공동연구 작업을 책임지고 있는, 알렝 카이에는 서문에서 다음과 같이 기술했다. "사람들이 대다수의 최대 행복을 정의와 도덕의 유일한 기준으로 삼는 이 주의(doctrine)를 '공리주의'로 이해한다면, 이 견해에 공통된 에테르는 공리주의의 에테르이다. 물론 경제와 기술의 무한한 확장을 **선험적으로** 증명하는 논증은 피할 수 없다.

누가 쾌락의 증대나 그로 인한 고통의 완화에 맞설 수 있을 것인가? 반박할 수 없는 이 주의의 유일한 단점은 개인의 쾌락의 최대화와 고통의 최소화를 고려하여 이 주의가 살기 편안한 생활로 만드는 것을 엉망으로 만들 위험이 있다는 것이다."[21]

여기서 사람들은 니체의 좋은 건강의 신화와 새로운 우생학의 신화를 다시 발견한다. 사실 '우생학'은 소비사회의 시대로부터 물려

20) 이 점에 관해서는 라틴 아메리카에서 행해지고 있는 아이들의 파렴치한 이용을 참고할 것.
21) 『생명윤리, 도시와 시민권』, p. 12.

받은 이른바 욕구만족과 쾌락의 원칙을 연장시킬 뿐만 아니라 일종의 **끊임없는 자극**의 방향으로 나아갈지도 모른다. 마치 **산업화 이후의 자동화**가 디지털 조종장치의 이동 기계를 위해 육체적 노력의 완전한 경제적 사용뿐만 아니라 키에르케고르에게 소중한 걸어 다니는 인간의 구조적 실업과 해고를 실현할 때 그 때까지 테크노 과학의 발전을 지배해 왔던 '최소 노력의 법칙'이 자신의 의미를 상실하듯이 말이다… 쓸모없고 여분의 존재가 된 개인들의 수동성이 그 자체가 지닌 권태롭고 불만족스러운 것에 의해 위협이 되고 있기 때문이다.

"인간의 힘이 덜 사용될수록, 그것은 더욱더 과격해진다"고 발자크가 『근대의 자극론』에서 기술한 것이 기억난다. 따라서 새로운 우생학과 **정서의 일반적 동원**은 더 이상 분리될 수 없다. 여기서 정서의 동원은 인체의 동력화의 단계를 거치게 된다. 물론 이때 개인은 정보과학의 프로그램에 힘입어 생명을 이식하고 수혈할 수 있는 마이크로 기계의 엔진이 보네트가 되어 버린다.

"**잘린 뿌리를 가진 인간의 지배가 우리와 함께 시작된다**. 증식하는 인간은 철과 뒤섞이고 전기로 살아간다. **인간과 동력의 직접적이고 불가피한 동일시를 준비하자**", 라고 마리네티는 1910년 「미래파 선언」에서 주장했다.

80년 후, 우리는 생물공학 연구에서 비롯된 일련의 기관형태들이 출현하고 생산되면서 거기에 도달하게 되었다. 마찬가지로 외부 보철물로 대마비 환자나 사지마비 환자의 신체장애를 도와 주는 것

—이동식 의자나 신체장애자를 위한 자동차 운전의 보조체계— 에 만족하지 못하는 사람들은 환자의 다리에 이식되어 소형 컴퓨터에 의해 작동되는 전도체에 힘입어 최근 **내부 보철물**, 즉 근육장애자들에게 일반적으로 척수에서 생겨나는 자극을 주기 이전의 전자체계를 준비하고 있다.[22] 걸어 다니는 인간이 소형 전기 자동차를 본받아 **전기로 이동하는 인간**이 되고 있기 때문이다.

항상 자신의 선언에서, 마리네티는 "**거리(distance)가 있는 낡은 시를 파괴하기 위해 기계장치와 협력하자**…" 라고 제안했다. 이것은 바로 오늘날의 경우이다. 즉, 만약 지리적으로 가장 먼 거리가 초음속의 발전 앞에서 더 이상 아무것도 아니라면, 생체 내부를 보호하는 아주 미세한 두께는 전자 자극의 절대속도의 사용 앞에서는 차라리 없느니만 못하다. 마치 파(波)들에 의한 속도한계가 피부조직의 지각할 수 없는 한계를 대신하듯이 말이다.

이제 우리를 둘러싸고 있는 존재와 사물들은 장(場)에 다름 아니며, 현실은 유일한 망, 즉 사이버네티릭스의 망에 다름 아니다. 왜냐하면 모든 것은 '장'의 내부에 있고 오직 장을 위해서만 존재하기 때문이다.

따라서 결국 **사건의 실재**에 접근하기 위해서는 확실한 것, 형태와 힘을 다시 고려해야 한다… 현실을 전파에 싣는 것은 자신의 유일한 '의사소통'에 유리하게 사건의 구체적 성격을 상실하게 하는 **폭력**을 (질량과 에너지의 개념보다 정보 개념의 우위와 함께) 일반

---

22) 프랑스 기술.

화하는 경향이 있기 때문이다.

그리하여 **국지적 영토의 산업적 개발**에서 기인하는 다양한 오염들 이후에, 우리는 예전의 세계를 조직했던 시간과 공간의 간격들을 철저히 고찰하는 산업화 이후의 기술을 통해 **지구 환경의 통제**에서 기인하는 새로운 오염이 시작되는 것을 목격한다.

"**이동성이 증가할수록, 더욱더 통제가 증가한다**", 라고 19세기 철도 폐색식 신호장치의 한 전문가가 주장했다… 그러나 그 시대에는 오늘날 우리가 그 희생자가 되고 있는 갑작스런 '생물동력화'가 아닌 '동원'이 문제가 되었다. 왜냐하면 오늘날에는 전달의 지나친 가속화로 인해 **통제가 환경 그 자체가 되**기 때문이다.

사실 운송혁명의 제한된 도래가 즉각적 전달혁명의 일반화된 도래에 자리를 양보할 때, 정보이론 ― 정보과학 ― 은 물리학을 대신하며, 나아가 천체물리학을 대신한다! 융합은 이루어졌고, 혼동은 완전했다. 정보는 실재의 유일한 '입체감'과 '용량'이다. 영상과 소리의 디지털화 시대에, 우리는 그것의 '고화질'과 '고해결'을 말해야 한다. **잠재적** 에너지와 **현동적** 에너지와 함께, 우리는 제3의 에너지 형태, 즉 **정보 에너지**를 마음대로 사용한다. 이동의 세 단계들(출발, 여행, 도착)이후, 그리고 '여행'의 쇠퇴 이후, '출발'이 갑작스레 사라진다. 이제 출발하는 것이 필요하지 않은 채, **모든 것이 도착한다**. 그러나 '도착하는' 것은 이미 더 이상 여행의 단계나 목적이 아니라 정보, **세계정보, 우주정보이다**! 일반화된 도착의 지배는 따라서 **실시간의** 정보의 일반화와 혼동되며, 모든 것은 인간, 말하자면 사방에서 공격받는 표적인간에게 달려든다. 그의 구원은 환상, 순간의 현실 앞에서의 도피, 자유의지의 상실 속에서만 존재하는데, 파스칼은 다음과 같이 기술하면서 구원의 도래를 상기시켰다. "우리의 감각은 극단적인 것이라고는 아무것도 알아차리지 못한다. 지나친 소음으로 우리는 귀먹게 되고, 지나친 빛으로 우리는 눈멀게 된다. 지나친 양은 우리의 적들이다. 우리는 더 이상 느끼지 못하고 고통을 겪는다."

동력의 기술

"컴퓨터와 소프트웨어는 가상현실의 언어 속에서 불리는 것, 즉 현실의 동력을 구성한다."

H. 라인골드

사회적 진화론에서 **생물공학의 사이버네틱스**로 옮겨가는 데는 오로지 한 단계만이 존재했다. 이 단계는 자신의 정치적 정당성을 구원의 우생학의 유토피아에 근거를 두었던 민족 사회주의 국가의 생물과학 옹호론자에 당당하게 맞선 사람들에 의해 제2차 세계대전 중에 쉽게 극복되었다. **완전한 동원과 동력화**는 생물과 기술의 우위 경쟁의 보충적 양상에 다름 아니기 때문이다.

생물에 대한 동일한 대대적인 공격의 다양한 원칙들이 아우슈비츠와 히로시마에서 전개되었던 이 시대 동안, 클로드 샤농(1938)과 노베르트 비에너(1948)는 우리를 예전의 생물과학 옹호주의에서 '공동 집단의식'을 구성하는 진짜 원격기술 옹호주의로 이끌어가는 사상의 어떤 경향을 구상하는 가운데 같은 공모를 표명했다. 슈테판 츠바이크는 이 공동 집단의식에서 인류의 발전을 기대했는데, 그것은 결국 정보의 숭배에 근거한 사회적 사이버네틱스의 실현에 불과했다.[1)]

기이하게 사람들이 희비극의 독재자로 가장한 찰리 채플린 같은 사람을 분명히 기억한다면, **시중드는 로봇**에 의해 자기 의사에 반하여 음식을 제공받고 연속작업의 고통에 사로잡힌 **현대**의 노동자를 보다 쉽게 잊게 된다. 반면 우리는 오늘날 '이동기계'의 정보력에 힘입어 산업화 이후의 자동화 리듬에 맞추어 살고 있다…

예를 들어 프랑스 서부의 직물공장의 한 노동자의 말을 들어 보자. "나는 한 시간에 600번의 같은 몸짓을 한다. 낡은 기계들이 있었을 때는, 사람들은 약간 멈추기도 했다. 이제는 컴퓨터가 작업의 공정을 작동시키고 작업속도를 정한다."

인간이 디지털 조종 기계의 과도한 회전을 더 이상 따라갈 수 없는 이 초생산성과 함께, 사람들은 스트레스의 출현 이후 '근육·골격장애'(TMS)로 명명되는 새로운 직업병의 유행을 목격하게 된다. 이 병은 요컨대 뼈와 관절의 심각한 염증에서 기인하는데, 마침내 직원의 손의 마비를 초래할 수 있다.

독일의 **생물정치적** 조작과 앵글로색슨 민족의 **원격정치적** 자동제어라는 이 공통의 기원을 너무 빨리 망각한, 우리는 구조적 실업과 수많은 산업기업들의 폐업뿐만 아니라 특히 예고되는 난관에 대

1) 테오도르 로자크, 『정보의 숭배』, 판테온 북스, 1986.

해 책임을 지는 '기술 발전'을 기뻐하기에 이르렀다.[2] 1960년에 자신의 마지막 여름을 보내는 중에 모리스 메를로-퐁티는 이 상황을 이렇게 설명했다. "조작적 사고는 일종의 절대적 인위주의가 된다. 이 때 인간의 창조는 정보의 자연스런 과정에서 벗어나긴 하지만, 이 과정 자체는 인간 기계의 모델 위에서 파악된다."[3]

만약 완전한 동원의 전쟁이 나치즘과 그 인종적 · 우생학적 목적에 맞서 승리했다면, 그것은 또한 정보의 전략적 필요성[4]과 사회정치적 사이버네틱스의 점진적 확산으로 말미암아 순전히 정보의 통계적 개념의 발전을 악화시키는 요인이기도 했다. 물론 이 경우 사회정치적 사이버네틱스는 우리가 앞서 보았듯이 존재를 '지능 있는' 기계들에게 은밀히 예속시키는 형태에 불과한 이른바 '상호작용적인 컴퓨터 체계의 사용'을 위해 가장 취약한 것과 인간 노동의 자유의지를 제거하는 경향이 있다. 이것은 인간과 컴퓨터의 프로그램화된 결합인데, 여기서 지나치게 많이 언급된 '인간과 기계의 대화'는 인간의 결정적인 기계조작을 위해 명백한 인종차별의 전제뿐만 아니라 인간의 비밀스런 완전한 신망 상실의 전제까지도 폭로하게 된다.

---

2) 주간지 「디헤보」와 인터뷰를 하는 동안, 유럽공동체 위원회의 부의장인 마르틴 반게만은 "모든 산업적 고용이 위협을 받고 있으며, 노동에 의한 강력한 대량 생산은 독일에서는 더 이상 미래가 없다"고 평가했다.

3) 모리스 메를로-퐁티, 『눈과 정신』, 갈리마르, 1985, p. 11-12.

4) 1940년부터, 블레츨레이 파크에서, 영국인들은 에니그마(ENIGMA)라는 독일 기계의 코드를 알아낼 수 있는 전문가 그룹을 앨런 튜링 주위로 집결시켰다. 전산기 콜로서스에 힘입은 이 조작의 성공은 동시에 연합국의 승리와 정보혁명의 시대의 길을 터주었다.

자신의 저작 『컴퓨터와 두뇌』(1958)에서 언급하는 욘 폰 노이만의 말을 들어 보자. "나의 견해로는 한 수학자의 관점에서 신경체계를 이해하려는 시도가 문제가 된다. 이러한 관점은 일반적인 수학적 기술과 비교해서 주장될 수 있을 논리적 · 통계학적 양상들에 보기 드물게 특권을 부여한다. **게다가 논리학과 통계학은** (예외적으로서가 아니라) **주로 정보이론의 기본적 수단으로 간주될 것이며**, 이 이론의 핵심은 복합적인 논리적 · 수학적 오토마타[5]의 구성과 평가와 코드화를 통해 획득된 대부분의 경험들 주위에서 전개될 것이다."[6]

현대의 조작적 사고에 기초한 이 통계학의 영향을, 우리는 마르크스의 전체주의 체계 속에서와 마찬가지로 대중사회의 비약적 발전 속에서 이미 지적한 바 있었다. 그러나 기이하게도 사회를 **사이버네틱스에 의해 자동제어**하는 이론에 대한 상세한 설명을 통한 그 혁신적 역할은 무시되어 왔다. 노베르트 비에너의 글들이 제2차 세계대전 직후에 군정보 복합체의 위험을 폭로했음에도 불구하고 말이다. 자동제어 혹은 **보조동력**의 장치들과 인공지능 혹은 **두뇌동력**이라고 불리는 것 사이의 혼동이 사람들의 정신 속에 자리 잡았기 때문이다! 게다가 1950년대는 이 시기가 나치 독일에 대항하는 군산 전략의 직접적인 계승자임을 고려한다면, 역사적으로 추진된 분석의 가치가 있을 것이다. 이 세계대전에 의해 야기된 긴급함이 약

5) (*) 정보용어로 인간의 지능적 동작을 할 수 있는 시스템.
6) 욘 폰 노이만, 『컴퓨터와 두뇌』, 라 데쿠베르트, 1992.

해지자, 히틀러주의에 대항하기 위해 블레츨레이 파크에 모인 과학 단체는 데카르트와 특히 라 메트리 이후 인간의 두뇌와 컴퓨터의 구성요소를 동일시하는 이 시대에 뒤진 생각처럼 정말로 거의 유토피아적이기까지 한 미래를 전망하는 주제들에 접근하기에 이르렀다. 정보이론 · 게임이론 · 신호와 신경생물학의 이론의 종합인 탄생하는 사이버네틱스는 따라서 1947년에 출판된 앨런 튜링의 작품 제목에 따라 지능 있는 기계로 생물의 조직을 자극하려고 시도할 것이다. 사실 사이버네틱스와 **실시간의** 원격통신 수단의 결합은 정보의 **논리학**과 그 **기호논리학**을 구별 짓는 한계를 넘어설 수 있게 했다. 이러한 계기는 미국의 대공방어 계획과 함께 1950년대 말에 주어졌다. 북아메리카의 레이더 커버지역을 확실하게 하려는 목적으로, 미 공군은 원거리 경보 시스템을 가능한 빨리 확립하기 위해 MIT의 링컨 연구소에 연구조직을 만들 것을 요구했다. 이 원거리 경보 시스템은 세이지(SAGE)망, 즉 반자동 방공망인데, 실시간으로 작동하는 최초의 컴퓨터인 휠윈드(WHIRLWIND)를 이미 개발한 렉싱턴 연구소는 따라서 대륙의 정세 통제를 확실하게 하려는 목적으로 만들어진 거대한 거미줄인 미국 영토 방어망의 조정에 전념했다…

처음으로 실시간의 레이더망을 이용하는 이 경보 시스템을 효과적으로 설치할 때 수많은 기술 혁신이 이루어졌다. 가령 **분할된 시간**의 개념, 말하자면 텔레매틱스, 컴퓨터상의 시뮬레이션, 디지털 특수영상의 희미한 형태에 이르는 컴퓨터와 전화의 결합을 예를 들

수 있다[7]… 이 세이지 시스템은 자기 방식대로 가상현실의 세계 속으로, 즉 핵무기의 해방속도로 인해 불가피해진 세계 너머로 들어가기 시작한다.

실제의 환경, 즉 도시와 시골의 공간이 더 이상 전자망의 영향에서 벗어나지 못하기 때문에, **가상의** 환경, 즉 근본적으로 사이버네틱스에 의한 환경으로 말미암은 그 혁신의 가능성은 인간활동의 신체적 차원에 보충적이고 시뮬레이션화된 차원을 부가하는 놀라운 기회를 제공하면서 관심을 끌게 되었다. 컴퓨터의 사이버스페이스가 이제 우리의 통상적 환경의 '완전한' 차원 옆에 '분할적' 차원을 끌어들이기 때문이다.

그러나 이 이론적 변화의 다른 양상은 우리의 시선을 끌 만하다. 그것은 바로 정보의 **에너지** 양상이다. 제2차 세계대전 직후부터 그때까지 질량과 에너지의 관점에서 고려되었던 물질이 정보의 개념을 완전하게 하기 위해 정보의 개념에 부가된 것이 생각난다. 그런데 상대성이 우리에게 가르쳐 주듯이, 질량과 에너지의 통상적 개념들이 구별되긴 하지만 등가치한 것(E=MC2)이라면, 이제 정보와 에너지 사이의 관계를 파악하려고 해야 한다.

따라서 1950년대부터 '에너지'—물리학자들에게 아직 알려지지 않은 에너지의 형태—와 '정보'를 동일시하는 문제가 제기된다. **잠재적**(포텐셜) 에너지와 **현동적**(운동) 에너지 다음으로 우발적인 **정보**(사이버네틱스) 에너지가 갑자기 출현한다. 첫 번째 단계에서는

---

7) 필립 브르통, 『정보과학의 역사』, 라 데쿠베르트, 1987, p. 118.

정보의 전산처리와 함께 에너지를 경제적으로 사용하는 양상이 산업생산의 핵심요인처럼 우세하긴 하지만, 두 번째 단계에서는 **시뮬레이션 정보과학**의 출현과 원격-작용을 조장하는 원격통신의 비약적 발전과 함께 정보는 완전한 자격을 가진 에너지 — **영상과 소리의** 에너지, 촉각과 원격접촉의 에너지 — 처럼 출현한다… 갑자기 물리적 이동을 경제적으로 사용하면서, 원격조작은 운송에너지의 무서운 경쟁자인 것으로 드러난다. 신호전달의 절대속도의 사용은 제품 · 사람 · 재화의 순환의 상대속도를 사라지게 한다. 특히 다양한 자동제어에 힘입어 교통의 자동관제를 크게 개선할 수 있게 하면서 말이다. 정보가 갑작스레 자신의 한계속도와 혼동되기 때문이다.

에너지와 **라이브** 정보의 텔레매틱스에 의한 융합/혼동은 마치 전기 에너지가 은밀하게 **정보 에너지**가 되었듯이 결국 전자공학과 정보과학의 완전한 등가에 이를 것이다.

그러나 이 진짜 마술을 보다 잘 이해하려면, 몇 년 전으로, 즉 1942년으로 거슬러 올라가 노베르트 비에너 · 심장병 전문의 아르투로 로젠블루에트 · 젊은 기술자 줄리언 비지로우가 찬양한 '반응 연구 방식'의 발전을 재검토해야 한다. "이 방식은 자연적 혹은 인위적인 어떤 현상의 연구를 통해서 반응, 다시 말해서 자신의 환경과의 관계로 말미암아 이 현상이 겪는 변화에 특권을 부여하는 것이었다. 오래 전부터 수학은 어떤 현상들 간의 관계를 목표로 삼았지만, 이러한 반응 방식의 새로움은 자신의 진정한 보편성과 급진

주의에 있었다. 즉 **현상들 간의 관계에 의해 구성된 현실 이외의 다른 현실은 존재하지 않았다**. 대상들을 구성하는 기관들의 신체적 성격과 무관하게 대상들의 반응보다 시선을 중시하면서, 이 새로운 방식은 어떤 '대상들' 간의 비교와 특히 인간과 기계간의 비교를 가능하게 만들었다. 자신들이 광물·식물·동물 또는 인간의 유형에 속하느냐에 따라 존재들 사이의 전통적 구별은 따라서 물질과 무관한 비교에 자리를 양보하는 반면, 반응의 복합성을 비교하는데 전념했다."[8]

물론 이 **쉽게 전달되는 복합성**의 본질적인 요소들 중의 하나는 '반작용'의 개념이다. 이 반응 방식과 정보과학이라는 개념의 추정된 에너지 양상 사이에서 확립되는 일치를 보다 잘 이해하려면, 다음과 같은 속도의 상대주의적 정의를 기억해야 한다. "**속도는 하나의 현상이 아니다. 그것은 현상들 간의 관계이다**." 이 두 정의를 연결하면서, 우리는 그것들이 동일하다는 사실을 깨닫게 된다. 그리고 현상들 간의 관계의 현실 이외의 다른 '현실'이 존재하지 않는다면, **정보의 현실은 고스란히 그 확산의 속도 속에 포함되며**, 따라서 정보(물질의 3차원)가 "**어떤 주어진 순간에 어떤 현상에 의해 파악된 사태의 지시**"[9]이외에 다름 아니다는 사실을 깨닫게 된다. 달리 말하면 정보의 '입체감'이 존재하는데, 바로 여기서 영상과 소리에 관한 '고화질'이나 '고해결'이라는 용어의 일상적 사용이 생겨난다.

---

8) 『정보과학의 역사』, p. 129-130.
9) 자크 아르삭, 『생각하는 기계들』, 르 쇠이유, 1987, p. 51.

사이버스페이스, 보다 정확히 말해서 사이버네틱스의 공간-시간이 언론인들에게 소중한 다음과 같은 확인된 사실에서 출현할 것이다. 즉 정보는 자신의 해방의 신속함에 의해서만 가치를 지닌다. 게다가 **속도는 정보 그 자체이다**!

여기에는 최근의 고찰이 절대로 필요하다. 즉 영국의 블레츨레이 파크와 미국의 로스 알라모스의 연구센터들 사이에서 — 그 반응을 말하지 않더라도 — 이 세기말의 운명이 정해질 것이다. 사실 **폭탄**과 **컴퓨터**를 결합시킨 발명은 에너지와 정보의 비상식적인 결합을 완전하게 설명해 줄지도 모른다. 오늘날 '마이크로-정보과학' 혁명이 '매크로-에너지 혁명의 불길한 영향에 의해 야기된 폐해를 연장시키고 있기 때문에, 냉전의 종말과 **핵**저지의 쇠퇴 이후에도 진짜 시뮬레이션의 산업화'와 점점 더 비슷한 감각적 현실의 **정보**저지의 시작으로 인해 야기된 폐해가 장차 어느 정도가 될 지 모두들 당연히 의아스럽게 생각할 수 있다.

"과학이 자신을 포위하는 것을 배우게 될 때, 과학은 자신이 먼저 주관적인 것으로 배제한 것을 조금씩 도입하게 될 것이다. 그러나 과학은 그것을 과학 자신을 위해 세계를 정의하는 대상들과 관계들의 특수한 경우로서 통합할 것이다. **따라서 세계는 자기 자신을 받아들이지 않을 것이다**. 우리의 내부에서 생각하고 과학을 창조하는 것을 통해서가 아니라면, 즉 우리를 사로잡는 이 공정한 관객을 통해서가 아니라면, 우리는 위대한 대상의 부분 또는 계기가 될지도 모른다."[10)]

1959년 모리스 메를로-퐁티에 의해 지각적 믿음의 착시로서 폭로된 위대한 대상으로서의 세계에 대한 이러한 이해로 말미암아, 우리는 이 밀레니엄 말의 현실성을 받아들이게 된다.

사실 공간이 감각적 경험의 세계에 제한되어 있으며, 그 이상으로 이 이름에 걸맞은 공간은 없고 이른바 '우주 공간'의 빈 공간과 전혀 관련이 없는 보편적 시간, 즉 지나친 '심오한 시간'만이 있다는 훗셀의 공유된 견해가 우리의 지각 현상학자에게서 발견된다. 그런데 오늘날 물질-공간-시간의 최근의 차원으로서 정보와 함께 어떤 공간도 없는 이 심오한 시간을 **더 이상 제한되지 않고 일반화된 정보**, 달리 말해서 물리학과 정보과학이 완전히 혼동될 수 있을 정보-세계와 동일시하는 정보과학자들에게 유혹은 강렬하다.

정보를 전달하는 파들(ondes)의 절대속도의 사용으로 인한 지구물리학적 세계의 실제 규모의 거리에서 생겨나는 오염이 자연의 실체들(공기 · 물 · 동물상 · 식물상)에서 생겨나는 오염을 보충하기 때문에, 사람들은 고유한 세계와 결국 천체물리학적 우주의 갑작스런 **정보오염**을 목격하게 될 것이다. 빅뱅에 정통한 사람들에게 소중한, 우주의 특수한 팽창현상이 **정보의 일반화된 팽창원리**의 '자명함' 앞에서 갑자기 사라지기 때문이다.[11)]

따라서 정보조작은 사건의 조작에 전념할 뿐만 아니라 새로운 형

10) 모리스 메를로-퐁티, 『가시와 비가시』, 갈리마르, p. 31.
11) 자크 자플렝, 『일반정보이론을 위하여』, 전게서.

태의 우주를 은밀히 끌어들이기 위해 현실원칙을 공격할 것이다. 여기서 새로운 형태의 우주는 우주적 현실성을 상실하는 최종 형태인 **가상의 우주**인데, 뉴튼의 만유인력은 결국 사이버네틱스에 의한 사유의 자동제어로 대체될 것이다. "이런 식으로 언젠가 대우주는 소멸될 것이다"라고 예전에 지라르디가 유감을 표명했다…

정보의 가상성의 직접적인 지배가 어째서 그렇게 기대되었던 세계화의 도래에 의해 가능해지고 필연적인 것이 되었는지 지적할 수는 없는가? 만약 세계가 그 자체를 가두고 메를로-퐁티에 따라 **유한세계**가 된다면, 그것을 초월하는 필연성은 명백해진다. 결국 우리 지구의 정반대쪽의 **심오한** 지평선이 **가시적** 지평선, 보다 정확히 말해서 시청각 기술에 의해 '초-가시적' 지평선이 되었던 곳에서, 다른 한계의 절박함, 즉 더 이상 지리적이 아닌 컴퓨터그래픽적인 새로운 경계의 절박함이 생겨난다. 지평의 구부짐에 의해 감추어진 먼 곳의 상상적 영상이 집적회로의 계산속도에 힘입어 가상의 세계 너머를 산출할 수 있는 컴퓨터의 **기계적 특수영상**에 자리를 양보했기 때문이다.

스코트 피셔의 말을 들어 보자. "**곧 휴대 가능한 가상적 환경시스템이 실현될 수 있을 것이다**. 가상현실이 암시하는 가능성은 겉으로 보기에는 현실의 가능성과 마찬가지로 무한하다. **인간환경의 인터페이스는 다른 세계를 위해 조금씩 사라질 것이다**."[12)]

---

12) 스코트 피셔, 『가상적 인터페이스 환경』, 1990, 호워드 라인골드가 자신의 책에서 인용한 바 있음.

사실 역사의 속도의 변화(긴 시간, 짧은 시간, **실시간**)와 관련 있는 확인된 사실이 또 다시 절대로 필요하다.

페르낭 브로델은 역사의 에너지 차원과 시간의 가속화에 대해 이치를 따져가며 말했다… 만약 역사적 연대기의 이야기가 실제로 **기술된 정보**에 속한다면, 그것은 또한 에너지와 질량, 즉 생물의 에너지와 질량에도 속한다.

물질의 세 가지 상태는 따라서 우리의 기억 속에서 움직이고 있으며, 우리가 역사적 시간의 '에너지'와 '정보'라는 이 두 상태를 접근시키기를 거부한다면 몇 년 전부터 무슨 일이 일어나는지 전혀 알지 못할 것이다. 변화하는 시간은 변화하는 속도이자, 흐름을 바꾸고 결국 **가속의 뛰어 넘을 수 없는 한계**에 도달하는 역사이다.

끝나가는 20세기의 전형적 대상은 따라서 생태학자들이 두려워하듯이 원자력 발전소가 아니라 입자 가속기이다. 역사는 시대의 흐름을 계승해 온 사람들의 지정학일 뿐만 아니라 각 시대를 고려한 처분 가능한 에너지— 예전의 신진대사적이고 기계적인 상대속도, 전자시스템의 비약적 발전에 의한 오늘날의 절대속도—의 사용이기도 하다.

최근 음속과 열의 장벽을 뛰어 넘은 후, 우리 시대는 **빛의 장벽**과 함께 최초로 우주론의 가속의 한계에 도달했다. 따라서 역사적 시간의 가속과 우주공간의 팽창의 공동의 발견을 통해, 우리는 결국 그들의 공통의 한계를 발견할 것이다. 이는 후쿠야마 같은 사상가의 특수한 논증과는 전혀 관련이 없다. 왜냐하면 더 이상 역사의 종말이 문제가 아니라 보다 정확히 말해서 가속으로 인한 매우 중요한 역사의 한계가 문제가 되기 때문이다. **시간의 장벽**이 속도-빛의 장벽과 혼동되기 때문이다. 최근 전체주의에 저항하는 기독교인들은 이러한 상황을 다음과 같이 표현했다. “역사는 현기증 나는 만화경과 같다. 4반세기 전부터 사건들이 전개되는 숨가쁜 강렬한 리듬은 망각의 잠재적인 상승을 조장한다.”[13] 그리하여 제2차 세계대전 동안 돌발한 사건들을 무효화하는 불길한 기억의 나치 독가스실 존재의 부정이나 ‘수정주의’ 뿐만 아니라 훨씬 더 은밀하게 오늘날 행위의 실패에 이르는 정보의 현실성 상실이 생겨난다. 이제 정보가 사건의 실재보다 우세하기 때문이다.

역사적 시간의 장벽에 이를 수 있게 한 후, 정보의 계산속도는 이제 망각과 결함의 가능한 ‘산업화’에 이른다. 물리학자들의 견해에 따라 만유인력의 속도처럼 빛의 속도가 **공간의 속성**이라면, 이 때 결함은 절정에 이르고, 속도의 빛의 간접적인 조명은 역사의 이해처럼 시간의 이해를 근본적으로 변화시킬 준비를 한다. “나는 우주에 대한 향수를 느끼고, 모든 나라의 고통을 느낀다…”라고 환멸을 느낀 여행자인 폴 모랑은 주장했다. 장차 우리가 그 점에 유의하지 않는다면, 우리는 역사와 역사의 지리에 대해 향수를 느낄 뿐만 아니라 잃어버린 시간과 공간의 고통을 느낄 것이다.

“앞으로 공간을 배우는 일은 자동차 운전을 배우는 것만큼 유익

13) 프랑스와 브다리다, 『나치의 말살정책』, 알벵 미셸, 1989, p. 328.

할 것이다"라고 인간이 달에 착륙하는 것을 보았던 1960년대 말에 베르너 폰 브라운이 말했다… 보는 각도에 따라 변화하는 회화예술 이후로 이른바 가상현실의 조작방식에 이르는 이 사이버네틱스 기술에 대한 보다 나은 설명은 존재하지 않는 것 같다.

예전에 자동차를 운전하듯이 공간, 즉 사이버스페이스를 조종하는 것은 정말 정보기술의 중요한 미적 변화이다. 이것은 공간이 아닌 시간의 '프랙털한' 차원의 획득에 힘입어 지금까지 '대상', 즉 이동의 기계에 영향을 미쳤던 통제를 최근의 환경으로 옮기는 것이다. 이 때 시간은 **실시간**을 가리키는데, 이 실시간은 이동의 자동제어 방식의 도움으로 개인의 근접을 가상화할 수 있게 한다. 이것이 바로 깜짝 놀랄 상호작용의 이용이다.

사실 우리 주변에서 대체의 공간, 즉 **휴대 가능한 가상환경**을 산출할 수 있는 '데이터가 입력된 특수복'의 최근의 혁신은 장차 '심리-지리'를 새롭게 발견할 것이다. 그런데 이 '심리-지리'는 모든 것을 사이버네틱스 에너지에 빚지고 있는데, 이 에너지가 운동에너지와 포텐셜 에너지를 완전하게 만든다.

이 비물질적인 특수복을 개발한 사람들 중의 한 명인 자롱 라니에의 말을 들어 보자. "20세기의 전환기에 가상현실이 폭넓게 확산되면, 그것은 물질적 현실을 이해하는 수단으로 간주되지 않고 **보충적 현실**로 간주될 것이다. 가상현실은 우리에게 **새로운 대륙**을 열어 준다."[14)]

14) 자롱 라니에, 『텍스포에서의 가상현실』, 1989.

사라진 스크린을 초월하여 명령신호로 가득한 인공적 세계 속에 자리 잡으려고 시도한, 미래의 인간은 상대 방어를 계속해 온 미사일처럼 자신을 조금씩 따를 환경의 통제로부터 오랫동안 벗어나지 못할지도 모른다…

자신의 그림자를 빼앗긴 어떤 개인은 어떤 상상적 특수영상을 만드는 자유뿐만 아니라 사방에서 자신을 둘러싸는 기계적 특수영상의 풍경도 갖지 못할 것이다, 라고 앙드레 브르통의 초현실주의 운동에 관하여 아르토 같은 작가가 품은 의혹은 이렇게 설명할 것이다. "**초현실주의는 다른 것과 마찬가지로 헛되고 파악할 수 없는 가상적 희망이었지만**, 그것은 조금이라도 어떤 환상이 사람을 속이기만 하면 당신으로 하여금 그 환상에 집착하게 하고 어떤 일이 있어도 마지막 운을 시험해 보게 한다."[15)]

상상할 수 있는 것을 초월하여 자동제어되는 '새로운 인간-기계'가 미래파·입체파나 초현실주의에 의해 시작된 단절을 구체화하는 것은 사실이긴 하지만, 이제 현실의 객관적인 외양과 예술가의 주관적인 해석을 분리하기보다는 **인간 지각의 통일성**을 깨뜨리고 인간과 현실의 관계에 지속적으로 영향을 미칠 수 있을 끊임없는 자기 수용성 감각 장애를 자동적으로 실현하는 것이 문제이다.

이 환상적 세계를 찬양하는 사람들 중의 한 명인 에릭 귈리센의 말을 들어 보자. "사이버스페이스 속에서, **우리가 물질계에서 소유하는 물체와 같은 것으로 불편해 할 필요는 없다. 움직이지 않는**

---

15) 피에르 데, 『초현실주의자들의 일상적 삶』, 아세트, 1992.

유일한 물체의 이러한 조정은 사라지고 '상호교환할 수 있는' 물체의 개념으로 대체될 것이다."[16]

이러한 상황을 이해하면서, 우리가 인간의 눈으로 직접 본 특수 영상에 의해 '자연' 선택이 아닌 '인공' 선택을 목격하기 직전에 있는 것은 아닌지 모두들 의아스럽게 생각할 수 있을지 모른다. (그래픽) 광학의 직립영상이 (컴퓨터 그래픽) 전기 광학의 현 인류 영상에 대해 우위를 인정하기 때문이다. 달리 말하면 육안으로 볼 수 있는 영상보다 현저한 우월성을 지닌 합성영상에 대해 우위를 인정하기 때문이다.[17] 시청각의 고화질과 고해결의 연구가 결국 현실과 가상의 관계를 변화시키는 끊임없이 반복되는 의지에 의해서만 설명되기 때문이다. 이는 제2차 세계대전 직후 앙토넹 아르토 같은 작가에 의해 필사적으로 확인된 사실이 점차 입증되면서 가능해졌다. "우리가 살아가는 추한 삶을 정의하는 것은 사람들이 우리의 모든 지각과 느낌으로 우리에게 퍼뜨렸던 것이며, **위쪽과 가장자리를 통해 상황의 분위기를 드러내면서** 우리가 썰끔찔끔 그러한 지각과 느낌을 체험하는 것이다."[18]

무엇인가가 확장되는 것은 확실하다. 그러나 그것은 더 이상 우화 속의 개구리도 불확실한 생성으로 인한 우주팽창의 영역도 아니다. **인간의 신체를 완전히 총괄하는 것은 안구이다**. 존재의 통일성을 깨뜨리는 사이버네틱스 공간의 분할적 차원들은 안과 밖의 구별

---

16) 하워드 라인골드, 『가상현실』, 뒤노, 1993, p. 205.
17) 폴 비릴리오, 『시선을 주의하자』, 엘스터 출판사, 1992.
18) 앙토넹 아르토, 『앙리 파리소에서 보낸 편지』, 1945.

로 즉각적 행동의 **즉시성**을 제거하면서 우리 감각의 내용을 이중의 지각되지 않는 것으로 옮겨놓을 수 있게 한다.

여기서 우리는 인과성과 진화에 관한 연구서인 『경향의 세계』라는 제목의 책 속에서 상술된 칼 포퍼의 중요한 직관들 중의 하나를 발견하게 된다… 더구나 저자가 사이버네틱스의 전망 속에 자신의 사유체계를 기술한 것을 기억하자. 그는 이렇게 주장했다. "우리는 시론과 반박을 통해, 다시 말해서 **반작용**을 통해 배운다" 이 최근의 시론을 통해, 포퍼는 '경향주의'를 일반화된 다이너미즘(dynamisme)으로 제시한다. "조건들 역시 안정적이라면, 안정된 평균 통계의 경향은 우리 세계의 가장 주목할 만한 특성들 중의 하나를 구성한다. 그것은 **경향주의 이론**을 통해서만, 달리 말해서 **단순한 가능성 그 이상으로** 균형잡힌 가능성이 존재한다는 견해를 통해서만 이해될 수 있는 것처럼 보인다. 그것들은 다양한 단계들과 모든 가능성에 내재하는 스스로 실현되는 경향들이며, **빈도수의 안정성을 보장하는 힘과 같다**."[19]

이 주장에 따르면, 통계적 경향은 현실화되고, 하나의 힘이 되고, 힘의 영역이 된다. 이 힘의 영역으로 우리는 평가해야 할 것이다. 다음의 말을 들어 보자. "경향들이 단순한 가능성은 아니지만, **그것들이 구체적 현실을 갖는다**고 가정된다. 그것들은 힘이나 힘의 영역과 마찬가지로 실제적이고, 또 힘이나 힘의 영역도 경향들과 마찬가지로 실제적이다. 말하자면 힘은 물체를 움직이게 하고 가속하

---

19) 칼 포퍼, 『경향의 세계』, 에디시옹 드 레클라, 1992.

는 경향이고, 힘의 영역은 공간의 주어진 지역으로 배치되어 끊임없이 그 지역에서 변화할 수 있는 경향이다. **힘의 영역은 경향의 영역이며, 그것은 실제적이고, 그것은 존재한다.**"[20]

우리가 쉽게 이해할 수 있듯이, 저자에 의한 '통계적 경향' 개념의 도입은 1940년대의 연구에서 비롯된 수학적 논리학에 모든 것을 빚지고 있는 '힘' (다이너미즘) 개념을 새롭게 일반화하는 것과 같다. 바로 이 방식으로, 말하자면 이 비결정론적 방식으로 우리는 가상현실의 가정들을 받아들이게 된다. 1988년의 같은 저작에서, 칼 포퍼는 다음과 같은 이야기를 계속했다. "경향들은 뉴톤의 인력처럼 보이지 않지만, 뉴톤의 인력처럼 작용할 수 있다. 즉 경향들은 효과적(현실적)이고 실제적이다. **따라서 우리는 순수한 가능성**, 말하자면 '균형잡힌' 가능성에 **일종의 현실을 부여하기에 이른다**. 이러한 견해로 말미암아, 우리는 새로운 날에 우리의 세계를 구성하는 과정을 볼 수 있게 된다. 세계는 인과관계를 나타내는 기계가 아니다. 사람들은 이제 세계를 경향의 세계, 즉 **현실화되는 가능성이 전개되는 과정**으로 간주할 수 있다."[21]

이러한 비전은 앞서 환기된 바 있는 '팽창'과 분명히 비슷하다. 이제는 빅뱅이 문제가 되기보다는 오히려 이론적 천체물리학의 세계를 파괴하는 일종의 논리적 폭탄의 폭발이 문제가 된다. 최근 **일반정보이론**[22]의 발전에 의해 제시된 전망들과 매우 비슷한 현실에

20) 같은 책.
21) 같은 책.
22) 자크 자플랭, 전게서.

대한 개연론적 견해에 중독되면서 말이다.

칼 포퍼와 함께, 가능성의 공간은 증대된다. 경향들은 지구의 물리적 상황의 특성들이다. 미래가 열릴 뿐만 아니라 우주도 공공연하게 **미해결**될 지도 모른다.

결론으로서, 우리의 저자는 다음과 같은 견해를 밝힌다.

"우리가 미래를 모른다는 사실과 무관하게, 경향의 이론은 우리에게 **개연성의 객관적 해석의 범위 안에서** 연구할 수 있게 한다. 미래는 객관적으로 아직 정해져 있지 않다. **미래는 열려 있고 객관적으로 열려 있다**. 오직 과거만이 정해져 있다. 과거는 현실화되었고, 따라서 사라졌다. **그러므로 현재는 경향을 현실화하는 끊임없는 과정으로 기술될 수 있다**."[23)]

만약 우리가 '경향'이라는 좋은 말을 **통계적 경향**, 단순한 '평균'이라는 매우 수학적인 말로 대체한다면, 많이 언급된 칼 포퍼의 열린 세계는 이미 숨겨진 어떤 동력의 산물에 지나지 않는다. 여기서 **동력**은 **논리적 추론기구**[24)], 즉 제5 세대의 정보과학의 '전문가 시스템'의 그것과 유사한 새로운 **절망적 상황을 해결해 주는 것**이다! 마찬가지로 **현재의 시간**은 역사의 무거운 경향들을 현실화하는 연속체로서 정확하게 기술되지 않고 오히려 역사 발전의 일반적 통계의 결과에 지나지 않을 수 있을 **실시간**의 은밀한 도래로 기술될 수 있다. 우리의 **현재의 현실**은 현실효과, 보다 정확히 말해서 합성환상

23) 『경향의 세계』, 전게서.
24) (*) 정보용어로 지식 베이스의 지식을 이용해 탐색하는 추론기구.

에 다름 아니었다!

"**사이버스페이스는 연구소의 정보 현실기구와 두뇌의 현실기구 간의 협동작업의 결과이다**."[25] 이와 같은 정의된, 철학자들에게 소중한 생생한 현재는 생생한 영화에 다름 아니다.

운송혁명 때 내연기관의 합성에너지의 도움으로 마차를 동력화한 후, 전달혁명은 컴퓨터의 특수 합성영상에 힘입어 **공간의 현실을 동력화할** 준비를 했다. 지각적 믿음이 가상성 생성 소프트웨어에 의해 남용되는 것처럼 보였기 때문이다. 어떤 계산속도의 기교에 의해 역동적이 된 이탈리아의 15세기의 화가들의 실제 공간의 원근법은 따라서 1930년대의 초현실주의 작품들을 설명하는 노베첸토[26]의 정보과학자들의 실시간의 원근법에 자리를 양보했다. "어느 날, 과학은 우리로 하여금 구경하고 싶은 나라로 오게 하면서 여행을 죽일 것이다. 사람들이 우리 속의 어떤 짐승을 구경하듯이 나라가 우리를 구경할 것이다. 그리고 그렇게 사소한 일로 움직이는 것이 혼란스러워서 나라는 다시 떠날 것이다."[27]

만약 이제 이동하지 않고 자신의 환경을 통제하기 위해 보철물을 갖춘 불구자가 온갖 종류의 원격조종의 **과다한 설비를 갖춘** 건강한 사람의 전조가 되었다면, 이 후자는 휘파람을 불어 개를 부르듯이 그로 하여금 **반작용 환경의 영역으로 오게 하**려고 시도한다. 이제

25) 『가상현실』, p. 138.
26) (*) 새로운 세기.
27) 생-폴 루, 『속도』, 루즈리, 1973, p. 42.

그의 관점에서 보면, 존재의 움직이는 전진은 사물의 움직이지 않는 후퇴에서 비롯되지 않는다. 정반대의 현상이 일어난다. 즉 존재를 둘러싸는 사물의 움직이는 전진이 다람쥐장 속의 다람쥐의 예를 따라 예속된 존재의 움직이지 않는 후퇴에서 비롯된다…

무대의 희생자인 사이버스페이스 이용자는 시각적이기보다는 가상적인 합성환상의 희생자가 되었다. 이 경우 루돌프 아른하임에게 소중한 시각적 사유는 특수영상의 결실인 가상적 사유의 폐해에 굴한다. 물론 이 때 특수영상은 **사이버네틱스의 표의문자**의 환상에 따르는 개인의 자동제어에서 생겨난다. 기계적 사유의 새로운 지배적 경향이 갑자기 자신의 '영역'과 함께 심리-지리적인 지배권을 발견하기 때문이다.

더구나 10년 이상 전부터 가상성 기술의 비약적 발전 속에서 미국 항공우주국이 수행하는 역할을 관찰하는 것은 의미심장하다. 실제 공간의 정복에서 많은 실패를 거듭한 후, 미국 항공우주국은 장차 **부재하는 광범위한 가상공간의 정복**을 확실하게 할 수 있는 방법 연구에 막대한 금액을 투자하기에 이르렀다.

사실 한편으로 미래의 궤도 정거장 건설이 원격 로봇공학 수단의 개선을 필요로 했다면, 다른 한편으로 우주 관측 구상은 원격현존의 새로운 기술조정을 필요로 했다. 이렇게 하기 위해서, 미국 항공우주국은 1970년대 초에 니콜라스 네그로폰테가 메사추세츠 공학연구소에서 규합한 팀의 선배들과 특히 스코트 피셔에게 도움을 요청했다. 그러나 결국 **지구와 지구의 구체적 현실을 벗어난** 동일한 이동의 준비를 확실하게 하는 것이 특히 문제가 되었다. 미디어를 통한 시청각의 '현실감 상실'이 우리의 일상생활의 유일한 조작(maquillage)에 분명히 만족하지 못하기 때문에, 정보과학자들의 관점에서 보면 장차 우리를 비물질적인 새로운 세계 너머로 몰아내기 위해 이제부터 즉각적 경험의 물질적 매체를 포기하게 하는 것이 문제가 되었다. **인기 있는 목표가 다음 세기에 소비자 인구 전체를 지평선 없는 지평선의 공간을 향해 강제이주시키면서 그곳을 지배하는 것이기 때문이다.**

게다가 사이버네틱스와 천체물리학의 두 공간 부재 사이의 충돌은 천문학자들의 상상계 속에서 우주 탐사선에 의해 수행된 역할로 인해 여전히 가속되었다. 항성의 공간에서 이루어지는 '인간의 사명'의 유용성에 대해 회의적인 과학자들은 오로지 원격조종 로봇을 보내는 것만이 합리적이고 매우 경제적이라는 견해를 내놓았다.

원격탐험이 머지않아 유인 비행보다 우세할 것이라는 생각에 저마다 의견이 일치하기 때문에, 미국 항공우주국의 책임자들은 과학자들에게 컴퓨터를 제공하여 **가상적으로** 은하계를 탐험할 수 있도록 하기 위해 우주 탐사선에 의해 보내진 영상의 흐름을 이용하는 것을 고려하기에 이르렀다.

이리하여 1980년대 말에 실험영화 「화성」의 연출과 함께, 파사데나의 제트추진 연구소가 생겨난다. **가상적 항해**의 우주비행 모델의 근거로서 바이킹 우주 탐사선이 제공한 데이터들을 이용하는, 케빈 허세이는 미국 우주 프로그램의 책임자들로 하여금 유인 비행의 개념 자체를 버리는 방향으로 단호하게 나아가게 하려는 분명한 목적을 가지고 붉은 행성의 탐험을 예고하는 비디오를 상영했다, 이는 우주 탐사선에 의해 보내진 시각적 데이터들에 의한 비용이 덜 드는 **가상적 행성탐험**의 실행을 위한 것이다.[28]

따라서 갈릴레오가 망원경을 발명한 후 4세기가 지난 지금, 원격 우주비행의 업적에 힘입어 **우주 비행사**는 만유인력의 효과보다는 현실 생성효과에 따르는 별들을 불러들이면서 **침실에서 여행할 것이다**.

우주에 관한 특수영상의 디지털화가 다음 세기에 정보과학자들에 의해 실현될 것이기 때문에, 사이버스페이스 이용자들은 단순한 텔레비전 시청자들처럼 정보에너지에서 갑자기 생겨난 대체 우주를 발견하기 위해 **그들의 안락의자에서 여행할** 수 있을 것이다. 우주 팽창의 속도로, 에드윈 허블 같은 천문학자의 계산에서 생겨난 빅뱅이 컴퓨터 계산의 무한한 팽창의 (투명한) 속도에 갑자기 과학적 우위를 인정하기 때문이다! 사람들은 1992년 가을에 발사된 화성관측 우주 탐사선의 목적을 보다 잘 이해한다. 이 우주 탐사선의 임무는 미래의 개발을 위해 이 행성의 지도를 작성하는 것이었다. 그러나 보다 덜 드러나는 것은 이 '개발'의 성격이다. 21세기에 인간의 가정적인 화성 착륙을 위한 유인비행 임무를 준비하는 대신, 화성 지형 측량도는 **화성의 가상적 탐험을 즉각적으로 가능하게 만들**었다. 그리하여 1993년 여름이 끝날 무렵에 우주 탐사선이 보낸

---

28) 『가상현실』, p. 161.

신호가 갑자기 사라지자, 컴퓨터 조작대 앞에 앉아 있던 **제트발사 연구소**의 통제센터 기술자들은 실망을 감추지 못했다.

이 에피소드의 결론으로, 다음과 같은 간단한 경고가 주어진다. "월 스트리트 증권거래소에서 작동하는 자동으로 시세 매기는 프로그램의 모델—**프로그램 트레딩**—이 장차 이과계 학문에 적용된다면, '규제완화'는 시장경제의 제품뿐만 아니라 반작용의 사이버네틱스 법칙에 따르는 **메타-과학적**이 되어 버린 합리성의 생산과도 관계가 있을 것이다. 따라서 우리는 요셉 바이첸바움[29]이 폭로한 이 기계적 이성의 **몰락**과 실패를 예상할 수 있을지도 모른다.

최근에 확인된 사실이 있다. 우리가 보아 왔듯이 교환의 급속한 세계화가 전략적 · 경제적 · 과학적인 다양한 재현의 가상화를 내포한다면, 위험한 문제, 즉 **가상적 대상을 정확하게 물리적으로 위치측정**하는 문제가 제기된다.

사실 작용의 **실제 공간**과 반작용의 **가상공간** 사이에 자리잡고 있는 혼동과 더불어, 모든 **위치측성**의 어려움과 모든 위치 예측의 위기가 시작된다…

'탈국지화'가 실제 행동의 장소에 대한 불확실성을 초래하기 때문에, **사전 위치측정**은 **예상**의 원칙을 재검토하면서 불가능해진다. '어디?'는 '언제?'와 '어떻게?' 보다 우선권을 갖기 못하기 때문이다. '가상현실'의 효과적인 있음직함보다 오히려 가상현실의 위치측정

29) 요셉 바이첸바움, 『컴퓨터의 힘과 인간의 이성』, 에디시옹 뎅포르마티크, 파리, 1981.

의 성격과, 가상적 환경의 통제 가능성에 대한 의혹이 남는다.

이제 실시간으로 체험되는 세계라는 **현장의 상태**를 설명하는 일화가 있다. 최근 미국에서는 **시간**을 알기 위해서가 아니라 머무는 **장소**를 알기 위해 새로운 형태의 시계가 상업화되고 있다. 위성위치 확인시스템(GPS)—**Global Positionning System**의 약자—이라고 불리는 현재 사용되는 이 제품은 위치측정의 세계화의 분야에서는 우리의 10년간의 중대한 사건을 구성할 것이다.

미국인들에 의해 궤도에 진입된 4개의 위성들 중 두 개가 보내는 신호의 수신속도의 미세한 차이를 측정할 수 있는, GPS는 자신의 위치를 물어보는 조종사나 항해사들에게 즉각적으로 알려주면서 육분위(六分儀)를 대신한다. 그리고 그것은 지금부터 20세기 말까지 50센티미터 이하가 될 수 있을 약 20미터 오차의 정확성을 지니고 위치를 알려 준다. 이것이 바로 세계 속에서의 위치측정과 사이버네틱스망의 중요성을 매우 상징적으로 보여주는 이 제품이 지닌 성능이다.

그러나 대부분의 민간 항공사나 많은 나라의 공군이 최근 획득한 이 제품을 선전하는 광고를 통해 일반적으로 말해지는 것이 생략되는 것은, 미국이 선언한 전쟁의 경우에 미국 국방성이 군사력의 조작적 우월성을 보장하기 위해 인접표시를 왜곡하면서 자동적으로 이 '공공서비스'를 왜곡하는 권리를 가로채기 때문이다!

1993년 8월

역자후기

속도 · 기술 · 가속화에 매혹된 폴 비릴리오는 오늘날 그의 이론적 작업을 우연히 관찰하는 사람들에게조차 '속도 이론가' 혹은 '기술 이론가'로 잘 알려져 있다. 실제로 기술과 관련하여, 그는 자신을 본질적으로 기술 비평가가 아니라 '테크놀로지라는 기술' 비평가로 규정한다. 즉 그는 자신의 입장을 이해하지 못하는 사람들에게 "나는 테크놀로지라는 기술의 비평가이다"라고 분명하게 밝힌다.

사실 비릴리오의 사유세계에서 보면, 기술은 그의 이론적 배경과 토대에서 중요한 자리를 차지한다. 그는 "기술 지배권은 우리 문명의 중대한 유혹"이라는 자크 엘륄의 말에 상당히 동의하는 것처럼 보인다. 그는 "예상되는 기술혁명은 극적이라기보다 지식의 비극, 즉 개인적 · 집단적 지식의 바벨탑에 필적할 만한 대혼란"이라고 강조한다. 그리고 과학기술적 진보를 믿는 그는 "모든 문화와 도덕을 폐기하고자 하는 새로운 세대에게, 기술은 필연적으로 홀로 발전해 나갈 것"이라고 말한다. 비릴리오의 이러한 논리에서 보면, 그의 철학은 본질적으로 '기술의 철학'이라고 말해질 수 있다.

루이즈 윌슨과의 인터뷰에서, 근본적으로 기술 이론가인 비릴리오는 "모든 테크놀로지가 기술이 되어버렸다"라고 주장하면서 다음과 같은 중대한 발언을 했다.

> 이것이 바로 동력의 기술이다. 기술은 원래는 회화·조각·음악 등이 되곤 했지만, 이제 모든 테크놀로지는 기술이다. 물론 이러한 형태의 기술은 여전히 매우 본원적이지만 서서히 실재를 대체하고 있다. 예를 들어 내가 프랑스에서 TGV를 탈 때, 나는 풍경을 바라보는 것을 좋아한다. 피카소와 클레의 작품들과 마찬가지로, 이 풍경은 기술이다. 동력은 동력의 기술을 만든다. 빔 벤더스는 로드 무비(road movies)를 만들었다. 그러나 무엇이 로드 무비의 동력인가. 그것은 영화 「파리 텍사스」에서처럼 자동차이다. 드로모스코피(풍경에 대한 속도 효과). 이제 우리가 기술의 영역에 들어가기 위해 해야 하는 모든 것은 자동차를 타는 것이다.

현대의 기술을 특징짓는, 그리고 영화·텔레비전·비디오 등에서 생겨나는 운동학적 효과가 있다. 비릴리오가 『동력의 기술』을 쓸 때, 기술의 동력화가 이루어지고 있었다. 이 기술의 동력화는 매우 중요한 현상인데, 사람들은 현대기술의 현재의 위기를 파악하지 못하고 있다. 사실 기술의 모든 부문들은 가속화되고 있는 이 동력화에 관련된다. 따라서 현대기술의 위기는 동력화의 직접적인 결과이다. 왜냐하면 오늘날 동력화는 일반 기술에 영향을 미치기 때문이다.

어떻게 보면 동력화는 인간과 기술의 우위 경쟁의 보충적 양상에 아니다. 그럼에도 불구하고 비릴리오는 『동력의 기술』에서 인간과 기술이 맺는 관계로 자신의 관심을 돌린다. 특히 그는 21세기의 시작과 더불어 자신이 제3차 혁명이라고 부른 것, 즉 이식혁명(인간의 신체와 기술을 구분지었던 경계가 거의 무너진 상황)을 중요하게 다루었다. 그의 견해에 따르면, 현대는 제1차 혁명인 운송혁명, 제2차 혁명인 전달혁명을 거친 다음 마침내 제3차 혁명인 이식혁명에 이르렀다는 것이다.

그러면 그가 말하는 이식혁명이란 무엇인가? 이것은 기술발전으로 인해 신체 일부분을 소형기계 장치로 대체할 수 있게 된 상황과 밀접하게 결부된 혁명으로, 비릴리오가 새로운 우생학이라고 명명한 기술의 진보를 통해 "과학 기술이 인간의 신체에 맞서 수행한 혁명" 이다. 이 책에서, 비릴리오가 호주인 사이버네틱스 행위예술가 스털락(Sterlac)을 비판하는 것은 이런 맥락에서 읽혀질 수 있다. 그러나 우리는 그의 이러한 비판이 '내부 식민화(endo-colonisation)'라는 자신의 개념과 연결되어 있는 점을 주목할 필요가 있다.

사실 비릴리오에게 이식혁명은 자신의 '내부 식민화'의 개념과 밀접한 관계가 있다. 이식혁명의 경우에 발생하는 것은 기술에 의한 인간 신체의 내부 식민화이다. 말하자면 인간 신체는 기술에 의해 침식되고 침입당하고 통제된다. 따라서 비릴리오는 기술(생물공학)이 신체에 난입하여 인간을 재구성하는 것을 비판한다. 그는 이미 "기술의 문제는 기술 현장의 문제와 분리될 수 없다"고 주장한 바 있다. 특히 그는 "아주 최근의 나노기술에 의한 소형화가 생물공학에 의한 생리적 난입뿐만 아니라 생물의 인공수정도 조장하"

는 것에 주목했다. 그는 이제 우리가 이 흡수(absorption)의 기술을 갖게 되는 상황을 슬퍼한다. 그리하여 그는 미래파 예술가들이 언급한 말을 자주 떠올린다. "인간은 기술에 의해 유지될 것이다. 그리고 기술은 인간의 행동을 식민화할 것이다. 마치 텔레비전과 컴퓨터가 그렇게 하듯이 말이다. 그러나 식민화의 마지막 형태는 훨씬 더 내적이고, 훨씬 더 저항할 수 없는 형태가 될 것이다. 그것은 새로운 우생학, 내부-기술의 우생학이다."

이제 사람들은 모두를 위한 건강상태의 범위의 반영에 근거한 우생학적 요구를 관찰하게 될 것이다. 하지만 다양한 인공보철물 사용을 통해 인간은 수동적이고 무기력해질 것이다. 따라서 생물(인간)을 동력, 즉 끊임없이 가속하는 기계로 취급하는 것이 문제가 될 것이다. 여기서 비릴리오는 이식혁명이 생물의 반사와 자극의 증대하는 가속화를 촉진시키는 것을 목표로 삼는 것에 경계해야 한다고 강조한다.

『동력의 기술』에서 우리의 관심을 끄는 또 다른 부문은 정보와 정보과학의 발전이다. 비릴리오는 "정보 복합체가 가상(apparence)의 끊임없는 변화에 리듬을 줄 수 있는 동력의 기술"이라고 주장한다. 이와 관련하여, 그는 정보의 숭배에 근거한 사회적 사이버네틱스의 실현에 주목한다. 그는 사회를 사이버네틱스에 의해 자동제어하는 이론에 대한 상세한 설명을 통한 그 혁신적 역할이 여태껏 무시되어 온 점을 신랄하게 비판한다. 사이버네틱스의 탁월한 연구가인 노베르트 비에너가 제2차 세계대전 직후에 군정보 복합체의 위험을 폭로했음에도 불구하고, 사람들은 자동제어 혹은 보조동력의 장치들과 인공지능 혹은 두뇌동력이라고 불리는 것을 혼동했기 때문이다.

노베르트 비에너는 "정보는 질량도 에너지도 아니다. 정보는 정보이다"라고 정의한다. 여기서 한 걸음 더 나아가, 비릴리오는 정보를 물질의 3차원으로 간주한다. 그리고 그는 정보와 에너지 사이의 관계를 파악하려고 한다. 따라서 비릴리오가 말하는 정보의 에너지 양상과, 정보와 에너지를 동일시하는 문제는 우리의 시선을 끌기에 충분하다. 그의 견해에 따르면, "잠재적(포텐셜)에너지와 현동적(운동)에너지 다음으로 우발적인 정보(사이버네틱스)에너지가 갑자기 출현한다." 첫 번째 단계에서는 정보의 전산처리와 함께 에너지를 경제적으로 사용하는 양상이 지배적이지만, 두 번째 단계에서는 정보과학의 출현과 원격통신의 발전과 함께 정보는 영상과 음향의 에너지, 촉각과 원격촉각의 에너지처럼 출현한다. 그는 특히 "에너지와 라이브 정보의 융합은 마침내 전자공학과 정보과학의 완전한 등가에 이를 수 있다"고 말한다.

게다가 비릴리오는 칼 포터가 『경향의 세계』에서 사이버네틱스의 전망 속에 자신의 사유체계를 기술한 것을 적극적으로 수용한다. 물론 칼 포터의 열린 세계는 이미 숨겨진 어떤 동력의 산물에 지나지 않는다. 그러나 비릴리오는 이러한 동력은 제5 세대의 정보과학의 '전문가 시스템'의 그것과 유사한 새로운 절망적 상황을 해결해 주는 역할을 수행한다고 말한다.

사실 미래는 열려 있고 객관적으로 열려 있지만, 우리의 현재의 현실은 현실효과, 보다 정확히 말해서 합성환상에 다름 아니다. 라인골드의 관점에서 보면, 컴퓨터와 소프트웨어는 가상현실의 언어 속에서 불리는 것, 즉 현실의 동력을 구성한다. 무엇보다도 전달혁명은 컴퓨터의 특수영상에 힘입어 공간의 현실을 동력화 하려고 했다. 지각적 믿음이 가상적 생성 소프트웨어에 의해 남용되는 것처럼 보였기 때문이다.

따라서 오늘날 사이버스페이스 이용자는 시각적이기보다는 가상적인 합성환상의 희생자가 된다. 이제 시각적 사유는 특수영상의 결실인 가상적 사유의 폐해에 굴복한다. 비릴리오는 기계적 사유의 이러한 지배적 경향에 맞서 또 다른 형태의 새로운 사유를 창조하는 방안을 모색할 것을 요청한다.

부록 · 폴 비릴리오 관련 자료

(1967) "Bunker Archéologie," *Architecture Principe*, 7, Mars.

(1968) *Claude Parent, Paul Virilio, arquitectos* [비릴리오의 건축 도면 포함], Juan Daniel Fullaonda, Madrid: Editorial Alfaguara.

(1971) "Architecture of the open systems," *Architecture, formes & functions*, pp. 155-64.

(1975) "La délation de masse... ou la contre-subversion," *Le Pourrissement des sociétés*, Paul Virilio with Georges Perec, J-M. Palmier, Jean Duvignaud, Paris: Union générale d'éditions, Collection 10/18, pp. 13-57.

Bunker archéologie, Paris: Centre Georges Pompidou, Centre de Création Industrielle(Demi-cercle, 1994).

Bunker Archeology, New York: Princeton Architectural Press, 1994.

(1976) *L'insécurité du territoire*, Paris: Stock(Galilée, 1993).

(1977) *Vitesse et Politique*, Paris: Galilée.
Geschwindigkeit und Politik, Berlin: Merve Verlag, 1980.
Velocita e Politica, Milano: Multhipla Edizioni, 1981.
Speed and Politics, New York: Semiotext(e), 1986.
『속도와 정치』, 서울: 그린비, 2004.

"Métempsychose du passager," *Traverses*. 8, pp. 11-19.

(1978) *Architecture d'ingénieurs XIXe-XXe siècles*, Paul Virilio et al., Paris: Centre de création industrielle.
"L'engin exterminateur," *Silex*, 10.
"La Dromoscopies ou la lumière de la vitesse," *Critique*.

(1980) *Esthétique de la disparition*, Paris: Balland(Galilée, 1989).
The Aesthetics of Disappearance, New York: Semiotext(e), 1981.
Asthetik des Verschwindens, Berlin: Merve Verlag, 1986.
『소멸의 미학』, 서울: 연세대학교 출판부, 2004.

"Popular Defense and Popular Assault," *Italy: Autonomia*, New York: Semiotext(e), pp. 266-72.

"Tabas, la stratégie de l'accident," *Libération*, May 7.

(1981) "La ville ideale" [이상적 도시에 대한 물음의 답], *Quinzaine Litteraire*, 353, p. 39.

"Vidéo, Vitesse, Technologie: la troisième fenêtre" [인터뷰],

Cahiers du Cinéma, 322, pp. 35-40.

"Moving Girl," Semiotext(e), *Polysexuality*, New York: Semiotext(e): pp. 246-8.

(1982) "Le compte à rebours a commencé" [전쟁의 자동성에 대하여], *Quinzaine Litteraire*, 376, pp. 5-6

"Perec, ami paisible" [Georges Perec의 삶과 죽음에 대하여], *Quinzaine Litteraire*, 368, p. 4.

(1983) Sylvère Lotringer and Paul Virilio, *Pure War*, New York: Semiotext(e) [초고가 *The German Issue*에 실림, New York: Semiotext(e): 1982, pp. 306-16.]
Der reine Krieg, Berlin: Merve Verlag, 1984.

La Crise des dimensions: La représentation de l'espace et la notion de dimension, Paris: l' UDRA-ESA [Unitè de recherche appliqué - Ecole spéciale d' architecture].

Portes de la ville, Paul Virilio et al., Paris: Centre de création industrielle.

(1984) *L'Espace critique*, Paris: Christian Bourgois.

"Une ville surexposée," *Change International*, 1, pp. 19-22.

The Lost Dimension [원래는 *Zero Gravity*로 발표되었다],

New York: Semiotext(e), 1991.
"The Overexposed City," *Rethinking Architecture*, ed. Neil Leach, London and New York: Routledge, 1997.

L'Horizon négatif: essai de dromoscopie, Paris: Galilée, Collection Débats.

"Negative Horizon," *Semiotext(e) USA*, ed. Jim Fleming and Peter Lamborn Wilson, New York: Semiotext(e), 1987, pp. 163-80.

Guerre et cinéma 1: Logistique de la perception, Paris: l' Etoile, Collection Essais (Cahers du Cinéma, lère édition 1984, nouvelle édition augmentée, 1991).
War and Cinema: The logistics of perception, London and NewYork: Verso, 1989.
Krieg und Kino: Logistik der Wahrnehmung, Frankfurt am Main: Fischer Taschenbuch Verlag, 1989.
Guerra e cinema: logistica della percezione, Torino: Lindau, 1996.
『전쟁과 영화』, 서울: 한나래, 2004.

"Le cinéma, ce n'est pas je vois, c'est je vole," *Cahiers du Cinéma*, 357, pp. 30-3.

"L'état nucléaire" [핵전쟁의 위협에 대한 토론], J. Daghini, J. P. Degaudemar, F. Guattari, A. Joxe and P. Fabbri와 함께, *Change International*, 2, pp. 9-23.

"Entretien avec Paul Virilio" [Daniel Dobbels, Bernard Remy 와의 인터뷰], *Empreintes*, 6, pp. 28-31.

"Un habitat exorbitant" [자동차와 텔레비전의 영향에 대하여] *Corps Ecrit*, 9, pp. 25-7.

(1985) "Guerre des étoiles: la propagande-fiction" [전쟁, 과학 소설, 그리고 영화에 관하여], *Cahiers du Cinéma*, 378, p. xv.

"Spirit of Defense," *Impulse,* 11 (4), p. 35.

"The Overexposed City," *Zone 1/2*, ed. Michel Feher and Sanford Kwinter, New York: Urzone, pp. 15-31.

(1986) *Reinhard Mucha*, Paul Virilio et al., Paris: Musée national d'art moderne.

"The Immaterial of War" [기술 발전과 전쟁 기계의 폐기에 관하여], *Cuandernos del Norte*, 7 (35), pp. 4-6.

"Futurism and Fascism," *Cuandernos del Norte*, 7 (39), p. 4-8.

"Le cinéma instrumental," [Saint Etienne에서 Imaginaires-Numerique Colloquium에 관하여], *Cahiers du Cinéma*, 385, p. xiv.

"Aliens," *Zone 6*: Incorporations, ed. Jonathan Crary and Sanford Kwinter, New York: Urzone, 1992, pp. 446-9.

"Cataract Surgery: Cinema in the Year 2000," *Alien Zone: Cultural Theory and Contemporary Science Fiction Cinema*, London and New York: Verso, 1990, ed. Annette Kuhn, pp. 169-74.

"The Cinema of Speed," with J-P. Fargier, *Revue D'esthetique*, 10, pp. 37-43.

"Video Technology and Perception of the Image," *Revue D'esthetique*, 10, pp.33-5.

"Image virtuelle," *Revue D'esthetique*, 10.

"Speed-Space" [C. Dercon과의 인터뷰], *Impulse*, 12 (4), pp. 35-9.

"Star Wars," *Art & Text*, 22, pp. 15-18.

(1987) *Jean Nouvel*, Paul Virillio et al., Paris: Institut français d'architecture.

"Le reste du temps" [시간의 철학에 관하여], *Corps Ecrit,* 24, pp. 11-15.

"Space, Time, and the City," *Lotus International*, 51.

(1988) *La Machine de vision,* Paris: Galilée.

La Maquina de vision, Madrid: Catedra, 1989.

The Vision Machine, Bloomington: Indiana University Press, 1994.

Gläserne U Boot, Paul Virilio et al., Krems, Germany: Tabakfabrik Krems/Stein.

"Paul Virilio" [Jeôme Sans와의 인터뷰], *Flash Art International*, 138, January/February.

Art and Philosophy, Milan: Giancarlo Politi Editore, 1991, pp. 139-50.

"De Dromoscopie" *Museumjournal*, 33, 5/6, pp. 310-16.

"Paul Virilio" [1987년 5월 8일, 프랑스 문화 채널인 La Sept에서 *l'object d'art à l'age electronique*라는 프로그램의 일부로 방영된 인터뷰], Block, 14, pp. 4-7.

(1989) "The Image to Come," *Art & Text*, 36, 1990, pp. 90-4.

"Trans-Appearance," *Artforum*, 27 (10), pp. 128-130.

"Le phénomène Rybczinski," *Cahiers du Cinéma*, 415, p. 64.

"Das Letzte Vehikel," *Die Zeitschrift Der Kultur*, 4.

"The Last Vehicle," *Looking Back on the End of the World*, ed. Dietmar Kamper and Christoph Wulf, New York: Semiotext(e), pp. 106-19.

"Indirect light" [비디오 아트에 관하여], *Cuandernos del Norte*, 10 (54), pp.33-7.

"The Museum of Accidents," *Public 2: The Lunatic of one*, pp. 81-5.

(1990) *L'Inertie polaire*, Paris: Christian Bourgois.

"L'intertie dromotique," *Techniques et architecture*, 390, pp. 119-121, 181.

"Velocity and inertia" [모더니티의 최신 경향에 관하여], *Cuandernos del Norte*, 11(57), pp. 10-11.

"La estrategia del disimulo," *Revista De Occidente*, 104. pp. 43-54.

Architecture interieure-crée [인터뷰 포함], 239, pp. 108-114.

"El tercer intervalo," *Revista De Occidente*, 115, pp. 41-55.

"The Third Interval," *Art and Design*, 7 (1/2), p. 78.

"The Third Interval: A Critical Transition," *Rethinking Technologies*, ed. V. A. Conley, Minneapolis: University of Minnesota Press, 1993, pp. 3-12. ["The Third Interval"은 *La vitesse de libération*의 1장에 재수록 되었다, 1995.]

"Tempo, Teufel, in die Sesshaftigkeit," *Du*, pp. 44-7.

"La nouvelle domesticité" *ARQ: Architecture/Québéc*, 57, pp. 29-30.

(1991) *L'Ecran du désert: chroniques de guerre*, Paris: Galilée.

"Ørkenskæmen" ["사막의 스크린"], *Paul Virilio - krigen, byen og det politiske*, eds. Neils Brügger and Henrik Nøaard Petersen, Denmark: Ræens Sorte Bibliotek, 1994. pp. 45-55.

Sehen ohne zu sehen [1989년 3월 19일 Kunstmuseum Bern에서 행한 강연], Bern: Bentelli.

"Head High?," *Newsline*, 3, 7, p. 3.

"L'insécurité des territoires," *ART LAB Concept Book*, Tokyo, ARTLAB.

"Quarante ans d'histoire," *Cahiers du Cinéma*, 443/444, p. 62.

"L'Odyssée du virtuel," *Dossiers de l'Audiovisuel*, sous la direction d' Anne-Marie Duguet et Jean-Marc Peyron, 40, Novembre-Décembre.

"Aesthetik des Verschwindens" [인터뷰], *Arch Plus*, 108, pp. 32-40.

(1992) *Attentions les yeux*, Ester Verlag.

Rasender Stillstand: Essay, Munchen.

"An Unconventional War" [걸프전에 관하여], Revista De Occidente, 136, pp. 39-46.

(1993) *L'Art du moteur*, Paris: Galilée.

"El arte del motor," Revista De Occidente, 153, 1994, pp. 35-50.

Lo schermo e l'oblio, Milano: Anabasi, 1994.

The Art of the Motor, Minneapolis: University of Minnesota Press, 1995.

"Speed and Vision: The incomparable eye," *Diadalos*, 47, pp. 96-107.

"The Interface" [건축과 미디어에 관하여], *Lotus International*, 75, p. 126.

"From Superman to superexcited man," *Domus*, 755, pp. 17-24.

"Das Letzte Vehikel," *International symposium, Cyberspace: zum medialen*, Gesamtkunstwerk, Munich: Klaus Boer.

"Trube aussichten fur das Franzosische Ausbildungswesen"

[인터뷰], *Archithese*, 23, pp. 50-6.
[에세이] *The Next Five Minutes*, Paradiso, Netherlands: Zapbook.
"Ein Interview: Paul Virilio" [인터뷰], *Architekt*, 7, pp. 408-10, 415.
"The law of proximity," *Columbia documents of architecture and theory*, 2, pp. 123-37.

(1994) *La deriva di un continenta: conflitti e territoria nella modernita*, Milano: Mimesis.

"Nous allons vers des Tchernobyls informatiques" [인터뷰], *Revue Terminal:*
Une réflexion sur le concept de technoscience, 62, Février.

Atom Egoyan, Paul Virilio with Carole Desbarats, Jacinto Lageira, and Danielle Rivière, Distributed Art Publication, March.

"Del Bildschirn als Mauer: Paul Virilio" *Deutsche Bauzeitung*, 128, 6, pp. 52, 54, 56.

"Et kontinent i afdrift" ["Continental Drift," *La Vitesse de libération*, 1995에 실림], 과 "Det globale laboratorium" ["The Global Laboratory," 인터뷰],
Paul Virilio - krigen, byen og det politiske, eds. Neils Brügger and Henrik Nøgaard Petersen, Denmark: Ræens Sorte Bibliotek, pp. 56-62, 63-82.

"Visual disturbances," *Sinn und Form*, 46 (2), March, pp. 207-17.

"*Cyberwar, God and Television*," [Louise Wilson과의 인터뷰], CTHEORY [electronic journal @ http://www/freedonia.com/ctheory]. 17 (3).

"InterCommunication Celebration Symposium: Media and Communication in the Computer Age," Paul Virilio with Akira, Edmond Couchot, and Jonathan Crary, *in Annual Intercommunication*, Tokyo.

"Gravitational Space" [Laurence Louppe and Daniel Dobbels와의 인터뷰], *Traces of Dance: Drawings and Notations of Choreographers*, ed. Laurence Louppe, Paris: Editions dis voir.

(1995) *La vitesse de libération*, Paris: Galilée.
Open Sky, London and New York: Verso, 1997.
『탈출 속도』, 부산: 경성대학교 출판부, 2006.

"Paul Virilio" [인터뷰], *Conversations with French Philosophers*, ed. Florian Rotzer, New Jersey: Humanities Press.

"Alerte dans le cyberespace," *Le Monde Diplomatique*, Août 28, p. 1.

"Red alert in cyberspace!," *Radical Philosophy*, 74, pp.2-4.
"Speed and Information: Cyberspace Alarm!," Ctheory, September 27.

"Bientôt, seuls ceux qui seront dans la virtualité s'aimeront" [인터뷰],
Supplément multimedia du journal Le Monde, Septembre 30.

"La guerre de l'information" [Frédéric Burman과의 인터뷰], *Telecom Observer*, Octobre 11.

"Cyberrevolution: City planner and philosopher" [Michel Alberganti와의 인터뷰], *Telecom Observer*, October 16.

"Critical reflections," *Artforum*, November, 4 (3), pp. 82-3.
"Critical Mass" [Virgina Madsen과의 인터뷰], *World Art*, 1, pp. 77-83.

"Ordnungen der Wahrnehnung," *Werk*, Bauen & Wohnen, 7-8, p. 18-21.

"L'utopie du cybermonde" [Joël de Rosnay와의 인터뷰], *France Culture*.

"Comforting Light," and "Politics of Relief," *Forum*, 38, pp. 17-19, 77.

"Devant la liquidation du monde" [Ariel Kyrou and Jean

Yves Barbichon과의 인터뷰], *Black Notes*.

“Vitesse, guerre et vidéo,” [François Ewald과의 인터뷰], *Le Magazine littéraire*, 337, Novembre, pp. 96-103.

(1996) *Cybermonde, la politique du pire* [entretien avec Philippe Petit와의 대담집], Paris: Textuel.

Un paysage d'événements, Paris: Galiée.

Architecture principe, 1966 et 1996 eds. Paul Virilio and Claude Parent, Paris: l'Imprimeur.

The Function of the Oblique: The architecture of Claude Parent and Paul Virilio 1963-1969, ed. Pamela Johnston, Paul Virilio with Claude Parent, Jacques Lucan, Frédéric Migayou, Mohsen Mostafavi and Irénée Scalbert, London: UK Architectural Association Publications.

Heiner Muller, Paul Virilio, et al., Munchen Edition Text + Kritik.

“L'urbanité virtuelle, l'être au monde au temps réel” [Adrien Sina와의 인터뷰], *Fluctuaction fugitive: revue d'architecture*, Janvier.

“Speed Pollution” [James Der Derian과의 인터뷰], *Wired*, May.

"Cybermonde, la politique du pire" [인터뷰], *Libération*, Mai 10.

"Les formes virtuelles" [Emile Noël과의 인터뷰], *Les sciences de la forme aujourd'hui*, Points Sciences, Octobre.

"Games of love and chance" [Jérôme Sans과의 인터뷰], *Grand Street*, 52, 1995, pp. 12-17 [Architectural Design에 재수록, 121, pp. 24-26.]

"Paul Virilio and the Oblique" [인터뷰] , *Sites and stations*, ed. Stan Allen, New York: Lusitania Press.

"Caution against the cyberworld" [P. Jodidio와의 인터뷰], *Connaissance des Arts*, 532 Octobre, pp. 86-91.

"A Century of Hyperviolence" [Nicholas Zarburgg와의 인터뷰], *Economy and Society*, 25, pp. 111-26.

"The Dark Sport of Art's Presence" [Catherine David와의 인터뷰], *Metronome*, 0.

"Im Zeitraum des Trajekts: Andreas Ruby im Gesprachmit Paul Virilio"

[Andereas Ruby와의 인터뷰], *Architekt*, pp. 171-3.

(1997) *Voyage d'hiver* [Marianne Brausch와의 인터뷰], Marseille and Paris: Parenthèses.

"Cybernetics and Society," *Any*, 19-20.

“Vers un espace trans-euclidien” [M. Jankovic와의 인터뷰], 279, pp. 42-5.

(1998) *La bombe informatique*, Paris: Galilée.
The Information Bomb, London: Verso, 2000.
『정보과학의 폭탄』, 서울: 울력, 2002.

(1999) *Stratégie de la déception*, Paris: Galilée.
Strategy of Deception, London: Verso.

Klasen - Virilio, Paris: Expressions Contemporaines.

(2000) *La Procédure silence*, Paris: Galilée.
Art and Fear, New York: Continuum.

(2002) *Ce qui arrive*, Paris: Galilée.
Ground zero, London: Verso.

(2003) *Unknown Quantity*, Paris/New York: Fondation Cartier pour l'art contemporain/ Thames & Hudson.

(2004) *Ville panique*, Paris: Galilée.
L'accident originel, Paris: Galilée.

(2005) *L'art à perte de vue*, Paris: Galilée.

찾아보기

옮긴이

배영달은 부산대학교 불어과를 졸업하고 한국외국어대학교 대학원 불어과에서 석사·박사학위를 취득했다. 파리 4대학·브리티시 컬럼비아대학 초빙교수를 지냈고, 현재 경성대학교 프랑스지역학과 교수로 재직 중이다.
「보드리야르: 테크놀로지와 문화」, 「보드리야르와 현대예술」, 「보드리야르: 현대사회와 이미지」, 「보드리야르 : 생산 욕망 유혹」 외 다수의 논문이 있고, 저서로는 『보드리야르와 시뮬라시옹』, 『현대문화론의 이해』(공저), 『보드리야르의 문화읽기』(편저), 『예술의 음모-보드리야르의 현대예술론』(편저), 주요 역서로는 『토탈스크린』, 『세계의 폭력』, 『정보과학의 폭탄』, 『탈출 속도』, 『건축과 철학』, 『불가능한 교환』, 『사물의 체계』, 『유혹에 대하여』, 『생산의 거울』 등이 있다.

경성대문화총서 21

동력의 기술

지은이 | 폴 비릴리오
옮긴이 | 배영달
펴낸이 | 나중식

초판1쇄 인쇄 | 2007년 11월 25일
초판1쇄 발행 | 2007년 11월 30일

출판등록 | 1985년 1월 28일 제카7-44호
펴 낸 곳 | 경성대학교출판부
주　　소 | 부산광역시 남구 대연동 110-1
전　　화 | (051) 620-4355, 4356
팩　　스 | (051) 623-7803
홈페이지 | www.ks.ac.kr/~press

잘못된 책은 구입하신 서점에서 바꾸어 드립니다.

ISBN 978-89-7314-182-1 94100
978-89-7314-135-X (세트)